하~~ 신난다!

과학을 통해서 본
창조와 성경 속 사건의 증거들

국립중앙도서관 출판시도서목록(CIP)

햐~~ 신난다! 과학을 통해서 본 창조와 성경 속 사건의 증거들
지은이: 김수웅. -- 서울 : 예영커뮤니케이션, 2013
　　p. ;　　cm

ISBN 978-89-8350-848-5 03230 : ₩10000
과학(교과과목)[科學]
기독교[基督敎]
235.84-KDC5
261.55-DDC21　　　　　　　　　　　　　　　　　　CIP2013011184

햐~~ 신난다! 과학을 통해서 본 창조와 성경 속 사건의 증거들

펴낸 날 · 2013년 7월 17일 | 초판 1쇄 찍은 날 · 2013년 7월 17일
지은이 · 김수웅 | 펴낸이 · 김승태
등록번호 · 제2-1349호(1992. 3. 31) | 펴낸 곳 · 예영커뮤니케이션
주소 · (136-825) 서울시 성북구 성북1동 179-56 | 홈페이지 www.jeyoung.com
출판사업부 · T. (02)766-8931 F. (02)766-8934 e-mail: edit1@jeyoung.com
출판유통사업부 · T. (02)766-7912 F. (02)766-8934 e-mail: sales@jeyoung.com

Copyright ⓒ 2013, 김수웅
ISBN 978-89-8350-848-5 (03230)

값 10,000원

햐~~ 신난다!

과학을 통해서 본
창조와 성경 속 사건의 증거들

김수웅 지음

예영커뮤니케이션

 추·천·의·글

김수웅 목사가 쓴 『햐~ 신난다! 과학을 통해서 본 창조와 성경 속 사건의 증거들』은 어릴 때부터 학교에서 진화론만이 과학이라고 배워온 모든 사람들이 꼭 한 번 읽어볼 만한 책이다. 기독교인이면서도 현대과학의 물결 속에서 성경의 창조론에 대한 확신이 없는 기독교인들에게 추천하고 싶다. 이 책을 읽으면서 성경과 창조론이 진화론보다 훨씬 더 과학적 증거에 가깝다는 것을 깨닫게 될 것이다. 이 책을 통해 확실한 신앙을 갖게 되고 위대한 창조자를 만나게 될 것이다.

- **김상복 박사**(할렐루야교회 원로목사, 햇불트리니티신학대학원대학교 총장)

천지가 변해도 변할 수 없는 진리는 하나님이 천지를 창조하셨다는 사실입니다. 1980년 8월 세계복음화대성회 기간에 한국창조과학회가 창립되었습니다. 김영길 박사님과 김해리 박사님, 송만석 박사님을 비롯한 크리스천 석학들이 주축이 된 창조과학회는 하나님이 천지를 창조하시고, 우주 만물의 운행자라는 사실을 과학적으로 증명하는 일을 하고 있습니다.

창조과학회 강사로 활동하고 있는 김수웅 목사님이 쓴 『햐~ 신난다! 과학을 통해서 본 창조와 성경 속 사건의 증거들』은 성경에 기록된 여러 사건들이 실제로 일어난 사건이라는 것을 입증하고 있습니다. 이 책이 한국교회 성도들, 특히 젊은이들에게 창조과학의 진리를 전달하는 유익한 안내서가 되기를 바랍니다.

- **故 김준곤 목사**(前 성시화운동 총재)

머·릿·말

히브리어 '햐(헤아 → 햐~)'는 '얼씨구나'라는 뜻입니다. 미국의 존 캅(John cobb) 목사는 『교회 다시 살리기』라는 저서에서 사람들이 하나님의 존재와 그의 섭리, 그의 심판을 믿을 수 없기 때문에 뜨뜻미지근한 신앙에 머물고 있어 미국의 대형교단, 대형교회의 교세가 감소하고 있다고 밝히고 있습니다. 저는 창조과학회가 과학을 성경적으로 설명하는 일에 최적이며 창조신앙의 회복에 있어서도 가장 효과적으로 위의 사실을 증거할 수 있다고 생각하고 대학교에서 했던 강의(교양과목 : 성경과 과학)와 여러 기관에서 진행한 특강 등에서 제시했던 자료들을 정리해서 이 책에 담았습니다. 성경 속에 나오는 믿기 어렵고 미처 깨닫지 못했던 내용들을 분석하여 증거함으로써 많은 사람들과 신명나는 즐거움을 나누고자 하는 것입니다.

과학은 정직하지만 과학자는 정직하지 않을 수 있습니다. 신앙은 정직하지만 신학과 신학자는 정직하지 않을 수 있습니다. 그래서 창조과학회 회원들과 우리들이 분발해야 하는 것입니다.

창조과학의 사명은 '과학'이라는 학문의 옷을 입고 모든 학문과 매스컴(masscom)을 장악하며 하나님의 창조를 부인하는 진화론의 거짓됨과 허구를 밝힐 뿐만 아니라 동시에 수많은 과학적 증거들을 제시하여 성경에 기록된 하나님의 창조야말로 사실이라는 것을 밝히고 사람들이 창조신앙의 기초를 확립하도록 돕는 것입니다.

기원의 문제는 창조론의 열쇠로 열면 아주 쉽게 풀립니다. 우리가 여기서 알아야 할 점은 창조론은 신앙의 전부가 아닌, 어디까지나 신앙의 기초라는 사실입니다. 그러므로 이 기초를 견고히 다지고, 더 나아가 창조주 하나님이 인간의 몸을 입으시고(성육신, 成肉身) 예수 그리스도로 이 땅에 오셨음을 증거하고 그분을 영접하여 구원을 얻게 하여야 합니다.

지질학자들이 가장 즐겨 쓰는 말씀은 마태복음 7장 24-27절의 "그러므로 누구든지 나의 이 말을 듣고 행하는 자는 그 집을 반석 위에 지은 지혜로운 사람 같으리니 비가 내리고 창수가 나고 바람이 불어 그 집에 부딪치되 무너지지 아니하나니 이는 주추를 반석 위에 놓은 까닭이요…"입니다.

"만물이 그로 말미암아 지은 바 되었으니 지은 것이 하나도 그가 없이는 된 것이 없느니라(요 1:3)."

"프로는 매일 기본기를 다진다.", "프로는 세부(細部)에 강하다."고 합니다. 이 책에서는 기초가 되는 중요한 내용들을 다룸으로써 매일 기본기를 연습하고 익혀 다지는 일에 도움이 되도록 하였습니다.

"지각 없는 개념은 공허하고, 개념 없는 지각은 맹목적이다."라는 말이 있습니다. 깨달음이 없다면 그 개념은 공허할 뿐이고, 개념이 없이 깨달음만 있다면 맹목적이 됩니다. 그래서 이 책에서는 이러한 것들에 대한 확실한 근거를 제시합니다.

첨단 과학시대에 이 책이 성경 속에 스며 있는 하나님의 생기를 받아 기록된 살아 있는 말씀을 믿지 못하는 모든 사람들, 특히 젊은이들에게 큰 깨달음을 주고 바른 길로 인도할 수 있기를 바랍니다.

1장 동물들을 통해서 본

창조의 증거들

요나의 **표적**, 사실인가 **픽션**인가!

마태복음 16장 1-4절에 보면 예수님께서 표적을 요구하는 무리들에게 "요나의 표적 외에는 보여 줄 것이 없다."고 하셨습니다. 그만큼 요나의 표적은 중요한 사실이기 때문입니다.

과학이 발달하면서 사람들은 요나의 표적을 믿으려고 하지 않습니다. 그러나 최근 논문을 통해서 요나를 삼킨 물고기가 '백상아리'라는 사실이 널리 알려졌습니다.

1969년 6월, 저는 국립수산진흥원(현 국립수산과학원)의 해양조사선을 타고 대마도 앞 공해 상에서 해양조사를 하던 중 갑자기 불어닥친 강풍과 비바람에 의해 어려움을 당한 적이 있습니다. 그때 다른 조사원과 선원들은 구명복을 입고 선장실에 몰려들었지만 저는 구명복도 없이 뒤늦게 선장실에 가서 매달렸습니다. 30대 후반의 선장은 너무 놀라서 기절해서 쓰러져 있고, 나이 많은 갑판장이 대신해서 배를 지휘하게 되었습니다. 해도 상으로 부산보다는 마산 쪽이 더 가깝다는 이야기 속에서 혼란이 계속되던 중, 마산으로 가는 길에는 암초가 많아 위험하기 때문에 부산 쪽으로 가자는 이야기가 나왔습니다.

지휘봉을 맡은 갑판장은 여기 있으면 다 죽는다고 내려가라고 소리질렀습니다. 저는 그 소리에 조사원실이 있는 배 밑창으로 내려가 침대 위에 누웠습니다. 주전자는 데굴데굴 구르고 있고, 모든 짐들은 이리저리 움직이고 있었습니다. '아비규환'이라고 표현할 정도의 상황에서 저는 기도했습니다. 지난 피난시절의 일들이 주마간산(走馬看山)처럼 머리를 스쳐갔습니다.

"하나님, 저를 살려 주시면 나머지 삶은 주님을 위해 살겠습니다."

이렇게 기도하고 저도 모르게 깊은 잠이 들었습니다.

시간이 지나고 멀리서 아련하게 들려오는 소리를 듣고 잠에서 깼습니다. "김 주사, 곰이네." 하는 소리가 귓가를 때렸습니다. 일어나보니 저는 잠을 자고 있던 것이었습니다. 배를 타면 무조건 호칭이 주사로 표현되었던 그 시절, 저는 연구원에서 주사로 호칭이 바뀐 것입니다. 조심스레 나가보니 배는 부산 남항에 들어가고 있었고, 선원들의 이야기를 들으며 아찔한 순간순간들을 알게 되었습니다.

서로 살기 위해 선장실에 매달려 있던 선원들은 배의 시속과 시간을 계산해서 '이 정도면 부산항이다.' 하고 닻을 내렸으나 방향을 알 수 없었다고 합니다. 십여 분 후 안개가 걷히고보니 동삼동 앞바다의 큰 암초가 10여 미터 앞에 솟아 있었다고 합니다. 그때 다시 기수를 돌려 부산 남항에 입항하면서 배 밑창에서 잠자고 있는 저를 발견하고 소리를 질렀던 것이었습니다.

저는 그 이후로 다시는 해양조사선을 타지 않겠다고 마음먹고 다른 일을 준비하다가 그해 10월에 최초로 과학기술처에서 연구원 모집 공모가 있다는 친구의 전화를 받고 응시한 결과, 해양 분야에 합격하여 공직자의 길을 가게 되었습니다.

저는 나머지 삶을 주님을 위해 살겠다고 서원기도한 사실을 잊고 살다가 1997년 11월에 교회에서 40일간 릴레이기도를 하면서 다시 깨달았습니다. 새벽 2시부터 4시까지 아무도 없을 때 하나님과 깊은 대화를 나누게 되었습니다. 그때 서원기도가 생각이 나서 드디어 신학교의 문을 두드렸습니다. 야간학부와 신학대학원을 졸업하면서 창조과학회를 통해 창조신앙의 회복에 힘쓰고자 결심하게 되었고, 지금 이곳(창조과학회 대전지부 창조과학전시관)에 파송받아 이 일을 감당하며 증거하고 있습니다.

'요나(비둘기라는 뜻)'는 '아밋대(진리, 진리의 말씀, 하나님의 진리라는 뜻)'의 아들로서 마땅히 하나님의 진리를 바르게 선포하는 비둘기 같은 사람이 되어야 했지만 요나서를 통해서 보면 하나님을 거부하고 하나님의 낯을 피하여 도망갔던 사실을 보게 됩니다.

유대인 랍비 교수 루이스 긴즈버그(Louis Ginzberg, 1873-1953)가 쓴 『성경에 관한 전설들(The Legends of the Jews)』이라는 책을 보면 태초에 하나님이 요나를 담을 물고기 하나를 만드셨다고 기록하고 있습니다. 이 물고기는 아주 커서 마치 널찍한 회당에 있는 것처럼 요나가 그 안에서 편안하게 있을 수 있었다고 합니다. 물고기의 눈들은 요나에게 창문 역할을 했고, 또한 다이아몬드가 있어서 정오의 태양처럼 밝게 빛났기 때문에 요나는 바닷속의 모든 것을 그 밑바닥까지 볼 수 있었다고 했습니다.

이 책은 요나가 도망간 이유에 대해서도 기록하고 있습니다.

엘리사가 60년 이상을 활동하면서 자기 주변에 모은 수많은 제자들 중 가장 뛰어난 인물이 선지자 요나였다. 스승이 아직 살아 있는 동안, 요나는 예후 왕에게 기름을 붓는 중요한 임무를 맡았다. 그에게 내려진 다음번의 임무는 예루살렘 거민들에게 그들의 멸망을 선포하는 것이었다. 하지만 예루살렘 거민들이 자신들의 잘못을 회개했고, 하나님이 그들에게 긍휼을 베풀었기 때문에 파국은 일어나지 않았다. 그래서 이스라엘 사람들 사이에서 요나는 '거짓 선지자'로 알려지게 되었다.
니느웨로 가서 도성의 몰락을 예언하라는 임무를 받았을 때 그는 '그 이교도들의 회개를 통해서 예언을 통해 위협된 징벌은 집행되지 않을 것이 뻔한

데, 내가 이번에는 이교도들 가운데서 거짓 선지자라는 오명을 써야 한단 말인가?'라고 속으로 생각을 했다. 이 불명예와 수치를 피하기 위해서 그는 바다에 자신의 거처를 정하기로 결심하였다. 왜냐하면 바다에는 사람들이 살고 있지 않으니 예언을 전해서 이루어지지 않는 일이 일어나지 않을 것이라고 생각했기 때문이었다.

(루이스 긴즈버그, 『성경에 관한 전설들』, 크리스찬 다이제스트, 2007)

이 전설의 사실 여부를 떠나서 요나서에 나타난 표적은 예수님이 말씀하신 대로 아주 훌륭한 역사적 사건입니다.

많은 목회자들이 요나를 삼킨 물고기가 고래 또는 큰 상어일 것이라고 생각하고 있지만 그렇지 않다는 것이 논문을 통해서 밝혀졌습니다.

군산대학교 해양생명과학부 최윤 교수(choi@kunsan.ac.kr)는 어느 주일, 안수집사로 섬기는 군산 개복교회 담임목사님으로부터 "최 집사! 요나를 삼킨 물고기를 좀 연구해 봐요."라는 말씀을 듣게 되었습니다. 그때까지만 해도 최윤 교수는 집사였지만 요나를 삼킨 물고기가 믿어지지 않았다고 합니다.

최윤 교수는 목사님의 말씀에 따라 7년간 군산 및 보령 앞바다에서 고래와 고래상어 등을 대상으로 그 습성과 환경 등을 조사하였습니다. 큰 수조에서 고래를 조사한 결과, 고래는 새우 같은 작은 생물을 먹었으며, 길이가 13 m가 넘는 고래상어는 플랑크톤과 새우 종류를 먹으며 해녀들이 옆에 가도 같이 놀아 주는 사납지 않은 해저동물이었습니다.

최윤 교수는 많은 조사 끝에 '메갈로돈'이라는 백상아리를 발견하고 수조에서 실험한 결과 다음과 같은 사실을 알아냈습니다.

첫째, 이 물고기는 지금도 전 세계에 분포되어 살고 있고, 먹이를 주면 씹지 않고 통째로 삼키는 습성이 있습니다. 둘째, 30일간 먹이를 주고 30일간 굶긴 후 해부해 본 결과, 30일 전에 먹은 먹이가 고스란히 위 속에 저장되어 있는 사실을 발견했습니다. 셋째, 이 물고기는 가끔 먹이를 토해 내는 습성

☞ 메갈로돈의 턱

을 가지고 있습니다. 뿐만 아니라 오래된 화석의 위 아래 턱을 조립하여 입을 벌리니 어른 두세 명이 서서 다닐 수 있는 공간과 큰 위도 가지고 있음을 발견하게 되었습니다.

고래는 물고기가 아니라 사람과 같은 포유류에 해당합니다. 요나서 1장 4절의 "배가 거의 깨지게 된지라."라는 말씀을 고려할 때 일반적으로 고래보다 사나운 백상아리가 당시의 긴박한 주변상황에 더 적합한 것으로 생각됩니다. 생물학자 린네(Carl von Linn'e, 1707-1778, 200년 전 학명을 처음으로 사용한 스웨덴 학자)는 요나의 상황을 고려하여 요나를 삼킨 물고기는 고래가 아닌 상어라고 주장한 바 있습니다.

백상아리의 먹이는 고래와 물개, 바다사자, 바다표범 등 해상 포유류입니다. 백상아리는 매우 난폭한 상어이며(영화 '죠스Jaws'의 주인공) 우리나라와 더불어 전 세계적인 바다의 적으로, 많은 희생자를 내고 있는 난폭한 상어입니다.

이와 같이 우리가 자세히, 그리고 제대로 연구해 보면 성경의 기록은 사실이라는 것을 알 수 있습니다. 고린도전서 2장 15절은 "영적인 사람은 모든 것을 제대로 판단하나"라고 기록하고 있습니다. 여기에서 '판단(헬 : 아나크리노)'이라는 말은 '시험, 연구, 조사, 질문, 분별, 평가'라는 뜻을 가지고 있습니다.

분별과정의 핵심에 '주목능력'이 있습니다. 진리의 말씀에 주목하고 하나님을 주목할 수 있는 습관은 삶 속에서 하나님의 뜻과 세상을 분별할 수 있는 능력이 됩니다. 이와 같이 하나님의 생기를 받은 우리 영적인 사람이 제대로 과학을 하거나 주목하는 자세를 갖게 되면 과학은 하나님을 가리킨다는 사실을 알게 될 것입니다.

미국의 스티븐 마이어(Stephen C. Meyer, 물리학, 지질학, 과학사, 과학철학의 학위를 가진 과학자)는 **"제대로 하기만 하면 과학은 하나님을 가리킨다."**라고 역설하고 있습니다(리 스트로벨(Lee Patrick Strobel), 『창조설계의 비밀(*The Case for a creator*)』). 이 중요한 이야기가 사람이 물고기 뱃속에서 살아날 수 있는가의 문제와 니느웨 백성이 일사분란하게 회개했다는 것이 실제로는 불가능하다는 논쟁으로 인해 잊혀져왔습니다. 이러한 연구를 통해서 요나를 삼킨 물고기가 백상아리라고 하는 놀라운 사실이 밝혀져 사람들은 말씀을 더 확실히 믿고 순종하게 되었습니다.

요나서 1장에 나오는 요나는 배 안에서 느긋하게 "나는 가지 않는다."고 했습니다. 그러나 2장에서 본 바와 같이 물고기 안에 갇힌 요나는 "내가 가겠다."고 하며 불순종을 회개합니다. 하나님은 요나에게 앗수르의 수도 니느웨에 가서 심판의 메시지를 선포하도록 지시하십니다. 하지만 요나는 가기를 거부합니다. 요나가 하나님의 명령을 탐탁지 않게 여긴 것은 그의 개인적인 불완전함에서 비롯된 것은 아니었습니다. 요나는 하나님의 명령을 거부했습니다. 그의 메시지를 듣고 니느웨 사람들이 회개하면 하나님께서 그들을 벌하지 않으실 가능성에 대해 받아들일 수 없었기 때문입니다. 이와 같이 우리도 하나님의 관점이 아닌 나의 관점에서 생각하고 결정하고 행동할 때가 많습니다.

요나의 자족, 거만, 무관심에 대하여 하나님은 요나를 부르심으로 도전하십니다. 하나님은 요나에게 하나님으로부터 도망간 자를 도운 선원들에게 그리고 폭력적인 니느웨 사람들에게 가서 사역하라는 임무를 주셨습니다. 요나는 사역할 때마다 사람들의 마음이 요나 자신보다 주님께 더 열려지도록 자신을 소개합니다. 요나의 불순종에도 불구하고 하나님은 감동적으로 요나를 사용하셔서 선원들과 니느웨 사람들이 모두 주님 앞에 겸손하게 하십니다.

"배 선원들이 여호와를 크게 두려워하여 여호와께 제물을 드리고 서원을 하였더라(욘 1:16)."

그들의 서원이 무엇인지 알 수 없지만 후에 이 선원들이 모두 예루살렘에서 개종자가 되었다고 앞서 소개한 『성경에 관한 전설들』에서 밝히고 있습니다.

요나는 요나서 2장 1절에서 보는 바와 같이 물고기 뱃속(해저)에서 하나님 여호와께 목숨을 걸고 기도합니다. 이로 미루어볼 때 오늘날의 사이버대학인 **해저신학교**에 입학했다고 할 수 있겠습니다. 요나는 "이르되 내가 받는 고난으로 말미암아 여호와께 불러 아뢰었더니 주께서 내게 대답하셨고 내가 스올의 뱃속에서 부르짖었더니 주께서 내 음성을 들으셨나이다(욘 2:2)."라고 고백하고 있습니다.

4절에서 요나는 하나님에 대한 사랑을 처음 고백합니다.

"내가 주의 목전에서 쫓겨났을지라도 다시 주의 성전을 바라보겠다 하였나이다(욘 2:4)."

여기에서 우리는 "미워도 다시 한 번"이라는 영화제목을 연상할 수 있습니다. 불순종하고 달아난 요나를 하나님이 쫓아내신다 할지라도, 그래도 다시 주님 계신 성전을 바라보겠다고 고백을 하는 것입니다. 우리는 여기서 요나의 단순함을 발견할 수 있습니다. 그 단순함으로 핵심을 파악하고 집중하는 능력을 배울 수 있습니다.

마태복음 6장 22절에 "만일 네 눈이 성하면 온 몸이 밝을 것이요."라고 기록되어 있습니다. 여기에서 '성(盛)하다(헬 : 하플로스)'라는 단어는 '단순하다', '순진하다', '진실하다'라는 뜻을 가지고 있습니다. 눈이 단순해야 머리에서 빨리 파악하고 행동하게 되는 것은 모두 알 수 있는 사실입니다.

요나서 2장 5절에는 "깊음이 나를 에웠고 바다풀이 내 머리를 쌌나이다."라고 했습니다. 이는 『성경에 관한 전설들』에서 보았듯이 요나가 바닷속의 모든 것을 그 밑바닥까지 다 볼 수 있었던 것을 알 수 있습니다.

"감사하는 목소리로 주께 제사를 드리며 나의 서원을 주께 갚겠나이다. 구원은 여호와께 속하였나이다(욘 2:9)."

논문을 쓸 때 논문의 첫 표지에 지도교수의 지도편달에 대한 감사 표시와 졸업 후 그 가르침대로 섬기며 살겠다는 글을 싣게 되는데, 요나서 2장 9절은 바로 그와 같은 표현입니다. 요나의 긴 기도의 마지막 말은 "내가 내 맹세를 이행하리라."이며, 논문의 핵심이 "구원은 여호와께 속하였나이다."인데 이는 하나님께서 살려 주시지 않으면 살 수 없다고 하는 놀라운 고백을 담고 있습니다. 요나가 3일을 백상아리 뱃속에 있으면서 깨달은 사실이 바로 이 말씀입니다. 이러한 내용의 기도를 들으시고 물고기를 만드신 하나님은 그 물고기의 습성을 따라 명하시니 요나를 육지에 토했다고 합니다.

온 우주 만물을 지으시고 온갖 생물을 창조하신 하나님께서 없는 데서 표적을 일으키지 않으시고 있는 것을 통하여 우리에게 기적 같은 사실들을 보통 하는 일처럼 표적으로 보여 주신 것은 참으로 놀랄 만한 일입니다.

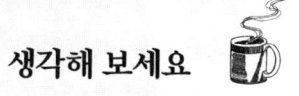

향유고래 - 죽어서 유익을 주는 포유동물

"고난 당한 것이 내게 유익이라 이로 말미암아 내가 주의 율례들을 배우게 되었나이다(It was good for me to be afflicted so that I might learn your decrees., 시 119:71)."

향유고래(sperm whale)는 어떤 상처로 인해 가슴이 닳고 헐었을 때 그 상처를 치유하기 위해 몸부림치는 가운데 연고 같은 액체를 흘리게 됩니다. 사람들은 이 고래의 수컷 장(腸)에 있는 분비물을 건조시켜 '용연향(ambergris)'이라는 물질을 얻어냅니다. 깊은 상처와 아픔을 극복하기 위한 향유고래의 몸부림이 세계 최고의 가치로 인정받는 향수를 만들게 되며, 중추신경 흥분억제 작용과 강심 작용, 혈압강하 작용 등의 약재와 최고급 향료로 쓰이게 되는 것입니다.

상처는 분명 아프고 고통스러운 것이지만 상처에 대한 반응에 따라 우리 인생이 달라집니다. "상처는 별이 된다(Scars into stars)."는 서양 격언도 있습니다. 물론 모든 상처가 다 별이 되는 것은 아닙니다. 하지만 지금까지 당한 고통, 현재의 아픔에 대하여 신앙적으로 반응하고, 그 상처에 하나님이 역사하시면 그 상처가 오히려 큰 별이 되는 것입니다.

도자기를 초벌구이 할 때의 온도는 800~900℃이지만 재벌구이 때는 1200~1300℃의 고온이어야 멋있는 작품이 나온다고 합니다. 몽골에서는 아이가 걸을 때가 되면 말을 태우기 시작하고 열 살 때 성인식을 하게 됩니다. 영하 30℃대에 왕복 80 km를 말을 타고 무사히 돌아와야 사나이, 어른으로 대접받아 성인식에 참여하게 되는 것입니다. 이 또한 어려움을 극복해야만 얻을 수 있는 것입니다.

> "그 어떤 시련도 우리의 마음이 주님의 뜻대로 행하기로 결심한 바로 그 순간 해결된다(Difficulties are overcome when our hearts are ready to do the Lord's will, whatever it may be)."(조지 뮬러George Müller, 1805-1898)

미국 애리조나 북부 산악지대에 사는 주홍 길리아라는 야생화가 있습니다. 이 야생화는 사슴떼가 몰려와 싹을 뜯어 먹었을 때 꽃가루와 씨앗을 더 많이 생산합니다. 상실과 박탈의 아픔이 오히려 생을 키우고 번식시키는 역설입니다.

지금 눈앞의 고난과 역경을 바라보지 마시기를 바랍니다. 한걸음 더 나아가 주님께서 주실 축복의 역사를 바라보시기를 바랍니다. 환난과 고난 후에 크게 쓰일 당신을 기대하시기를 바랍니다.

공룡(dinosaur)

청소년들에게서 많이 받는 질문 중 하나는 "하나님이 공룡을 창조하셨나요?"입니다. 개역개정성경 창세기 1장 24절에 '가축'으로 번역된 '베헤마(단수)'로 볼 때 하나님은 각기 종류대로 분명히 창조하셨습니다. 그렇다면 성경에 공룡이라는 말이 나올까요?(창 2:20, 7:2, 8, 출 8:17-18, 민 3:41, 욥 40:15)

> "이제 소같이 풀을 먹는 베헤못을 볼지어다 내가 너를 지은 것같이 그것도 지었느니라 그것의 힘은 허리에 있고 그 뚝심은 배의 힘줄에 있고 그것이 꼬리 치는 것은 백향목이 흔들리는 것 같고 그 넓적다리 힘줄은 서로 얽혀 있으며 그 뼈는 놋관 같고 그 뼈대는 쇠 막대기 같으니 그것은 하나님이 만드신 것 중에 으뜸이라 그것을 지으신 이가 자기의 칼을 가져 오기를 바라노라(욥 40:15-19)."

베헤못은 '하마처럼 큰 동물' 또는 '하마보다 큰 동물'이라는 뜻으로써 공룡으로 생각됩니다. 왜냐하면 19절에 '하나님이 만드신 것 중에 으뜸'이라고 했기 때문입니다. 지금까지 발견된 화석 중에서 가장 으뜸인 것은 공룡입니다.

성경에 '하마(베헤못)'라고 번역할 당시에는 공룡이라는 말이 없었고, 120여 년 전 우리에게 복음이 전해질 때에도 공룡이라는 말은 없었습니다. 공룡이란 말이 생긴 것은 그리 오래되지 않습니다.

미국 서부 개척 시에 철로를 부설하기 위해 땅을 파던 중, 인부들이 큰 것에 부딪힌 굉음을 듣게 됩니다. 그래서 여러 사람이 합세하여 파보니 그곳에서 큰 뼈 화석이 나왔습니다. 이 화석을 고생물 학자에게 보인 결과, 이렇게 큰 화석을 처음 본다며 이 학자는 '무시무시하게 큰 소름끼치는 도마뱀'이라는 뜻으로 '데이노스 사우르스'라는 학명을 붙였습니다(1841년, 영국 고생물 학자 리차드 오웬Richard Owen, 1804-1892).

미국 유타 주에 가면 이와 같이 큰 공룡 화석이 300여 점 이상 전시되어 있는데 이 지역을 '공룡무덤' 또는 '국립공룡공원'이라고 부릅니다. 이 지역에는 일 년에 백만 명 이상의 사람들이 공룡을 보기 위해 온다고 합니다. 또한 공룡이 있는 곳에는 유전이 있다는 속설 때문에 학자들이 유전을 발견하기 위해서 많은 발굴 조사를 진행하고 있습니다. 공룡의 큰 몸집에서 나오는 기름이 유전지역을 형성하고 있다고 보기 때문입니다.

우리나라에서는 이를 번역할 때 '무시무시할 공(恐)', '제일 무섭고 큰 룡(龍)' 자를 붙여 공룡이라고 명명하였습니다. 영어로는 'dinosaur'입니다. 성경에서는 욥이 세 친구와 더불어 논쟁할 때 하나님께서 욥에게 나타나셔서 "지금 저기서 소같이 풀을 먹는 공룡을 보아라."라고 말씀하십니다. 그리고 "그것은 내가 만든 것 중에 가장 으뜸이라."고 하십니다.

1800년대 말, 미국 아리조나 주 그랜드캐년 부근에 있는 하바수파이 계곡의 바위에서는 '에드몬트 사우루스'라는 공룡과 사람이 함께 그려진 벽화가 발견되었습니다. 아프리카 로디지아의 살리즈버리 근방의 동굴 벽화에는 '브론토 사우루스'라는 공룡의 일종이 그려져 있다고 합니다. 미국 남서부의 산 라파엘의 벽화에는 익룡(일명 thunder bird라고 함)이 그려져 있는데 이런 동굴 벽화는 공룡과 사람이 같은 시대에 살았다는 확실한 증거입니다. 한 선교사가 뉴질랜드 원주민에게 공룡에 대해 설명한 후 그들이 직접 본 동물 그림을 그리게 했더니 원주민 수십 명이 공룡을 포위하여 생포한 후 창으로 찌르고 내장을 도려내는 그림을 그렸다고 합니다. 상상의 동물을 그린 것이라면 이렇게 정확히 일치할 수 있을까요? 한 미국 과학잡지는 최근 알래스카에서 발굴된 공룡 화석에서는 헤모글로빈이 채취되었는데 이는 공룡이 멸종된 지 얼마 되지 않았다는 증거라고 소개한 바 있습니다.

청소년들이 제일 많이 질문하는 것 중에 하나가 "공룡이 살았느냐?" 또는 "공룡이 노아의 방주에 들어갔느냐?" 하는 것입니다. 이에 대해서는 노아의 방주 사건 때 상세하게 다루도록 하겠습니다.

검은 머리 수리(eagle) · 대머리 독수리(vulture)

마태복음 24장 28절의 "주검이 있는 곳에는 독수리들이 모일 것이니라." 에서 독수리는 대머리 독수리입니다. 이 대머리 독수리는 위의 말씀처럼 죽은 시체(주검)를 먹습니다. 티벳에 가면 사람이 죽었을 때 시신을 놓고 승려들이 장례를 치른 후에 호각을 불면 그 신호에 따라 이 대머리 독수리들이 시신에 달려들어 뜯어 먹기 시작합니다. 이것을 천장(天葬)¹이라고 합니다.

성경에서는 신앙이 좋은 사람을 '독수리 같은 사람'이라고 하는데 이때는 '대머리 독수리'가 아니라 '검은 머리 수리'를 말합니다. 대머리 독수리는 철새로써 겨울철에 철원평야에 왔다가 독극물을 놓은 음식을 먹고 죽은 사진을 신문기사를 통해 종종 볼 수 있습니다. 이 대머리 독수리는 죽은 시체만을 뜯어 먹으며 머리 뒤 1.5 cm 정도의 폭에는 털이 없습니다. 이는 창조주께서 섬세하게 설계하여 만드신 것으로 생각됩니다. 왜냐하면 죽은 시신에서 가장 영양가가 많은 간 속에 짧은 주둥이를 넣으면 간 독소가 머리털에 묻게 되기 때문에 몸의 털이 다 빠질 수 있습니다. 그러나 이 대머리 독

---

1) 천장(天葬) : 티벳에서 가장 보편적인 장례(葬禮)이다. 티벳인들은 윤회사상을 깊이 믿기 때문에, 죽은 후 자기의 시신(屍身)을 신성(神聖)한 독수리가 먹어 치우면 바로 승천(昇天)하거나 아니면 부귀한 집안에 잉태되어 다시 태어난다고 생각하여 한 데에 시신을 묻는 제사 방법이다.

☞ 대머리 독수리

수리는 먹이를 먹자마자 물가에 가서 머리를 헹굼으로써 독소로부터 몸의 털을 유지하는 것입니다. 정말 놀랍지 않을 수 없습니다(‘독禿’ 자는 대머리 ‘독’ 자입니다.).

검은 머리 수리는 살아 있는 것을 먹기 때문에 ‘독’ 자를 붙이지 않고 머리털이 검기 때문에 ‘검은 머리 수리’라고 합니다. 미국의 경우는 머리털이 희기 때문에 ‘흰 머리 수리(The Bald Eagle)’라고 합니다. 미국을 상징하는 새가 흰 머리 수리라고 할 때 그 상징하는 바가 무엇인지를 짐작할 수 있습니다.

“오직 여호와를 앙망하는 자는 새 힘을 얻으리니 독수리(eagle)가 날개치며 올라감 같을 것이요 달음박질하여도 곤비하지 아니하겠고 걸어가도 피곤하지 아니하리로다(사 40:31).”

첫째, 검은 머리 수리는 어디에서 살며 어떤 훈련을 받을까요?

“독수리가 공중에 떠서 높은 곳에 보금자리를 만드는 것이 어찌 네 명령을 따름이냐 그것이 낭떠러지에 집을 지으며 뾰족한 바위 끝이나 험준한 데 살며(욥 39:27-28)”

욥기 39장 27-28절에서 보듯 조류학자들의 이야기에 의하면 검은 머리 수리는 해발 2,000 m 이상의 절벽 위 바위틈에서 산다고 합니다. 내셔널 지오그래픽(National Geographic)에서 보면 검은 머리 수리가 절벽 위 바위틈에서 비상하고 훈련하는 모습을 볼 수 있습니다.

검은 머리 수리는 어떻게 훈련할까요? 국립중앙과학관 전시실에 가면 검은 머리 수리와 대머리 독수리의 박제표본을 볼 수 있는데 날개 길이가 3 m 40 cm 정도, 날개 폭이 3 m 정도 됩니다. 이 검은 머리 수리를 자주 볼 수 없는 이유는 높은 산 바위틈에 살기 때문입니다. 학자들이 조사한 바에 의하면 높은 산 절벽 위 바위틈에 있는 보금자리는 7 cm 정도의 두께로 만들어진 견고한 집으로 그 폭은 3 m 정도 된다고 합니다.

그 보금자리 맨 밑바닥에는 가시가 있고 그 위에는 잡아온 짐승의 털과 깃털 등을 깔아 새끼(eaglet)들이 안전하고 푹신하게 성장할 수 있도록 되어 있는데 수리를 훈련시킬 즈음에는 그 깃털을 다 제거함으로써 새끼들이 발돋움을 하게 합니다. 그리고 그 어미는 보금자리 한쪽 끝을 입으로 물고 둥지를 흔들어 새끼를 떨어뜨린다고 합니다. 새끼들은 날지 않으면 가시에 찔리기 때문에 어쩔 수 없이 발돋움을 하면서 떨어지게 됩니다. 이때 새끼는 뭐라고 할까요? "엄마 나 죽어!"라고 할 것입니다.

지금 이 소리가 여러분에게 들리십니까? 아주 높고 깊은 산속에서 이루어지는 이 훈련은 우리가 볼 수는 없지만 짐작해 볼 수 있습니다. 신명기 32장 11절에 "마치 독수리가 자기의 보금자리를 어지럽게 하며 자기의 새끼 위에 너풀거리며 그의 날개를 펴서 새끼를 받으며 그의 날개 위에 그것을 업는 것같이"라고 되어 있는 것처럼 새끼가 비명을 지르며 떨어질 때 어미는 그 근처에서 같이 아래로 내려갑니다. 땅에 떨어지기 직전 어미는 새끼를 넓은 날개깃으로 받아 솟아오릅니다. 집 근처에 오면 새끼가 안심하면서 "엄마, 다시는 그러지 마."라고 말할 것 같습니다.

그런데 안심하는 찰나, 어미는 매정하게 새끼를 또 떨어뜨립니다. 이때 새끼가 생각하는 엄마는 어떤 엄마일까요? 아마도 '못말리는 엄마'라고 생각할 것입니다. 이 못말리는 엄마를 생각하는 새끼는 엄마가 한 번 날자마자 날개를 쭉 펴서 유유하게 주위를 살피는 것을 보게 됩니다.

새끼들은 다음번에 집 근처로 날아올라 왔을 때 눈을 지그시 감고 또 떨어뜨리는 것에 대비합니다. 엄마가 사정없이 또 떨어뜨리자 새끼는 조그마한 날개깃을 힘주어 폅니다. 힘들지만 공중에 뜨는 것을 느끼게 됩니다. 이런 훈련을 반복함으로써 새끼는 어미 수리로 성장하고 엄마의 뒤를 이어 새 중의 왕으로 군림하게 되는 것입니다. 이런 훈련이 없다면 수리라고 해서 새 중의 왕이 될 수 없을 것입니다. 훈련이 없는 수리는 지상의 닭과 같이 땅을 보며 모래를 쪼고 있을 것입니다.

우리도 마찬가지입니다. 편안하고 부족함 없이 지내면 모든 것이 잘된다는 것을 보장할 수 없습니다. 비록 현실이 어렵고 힘들더라도 그 과정 하나하나를 잘 인내하며 이를 악물고 열심히 노력해서 극복하다 보면 어느새 우리는 정상의 자리에 와 있는 것을 느낄 수 있을 것입니다.

둘째, 검은 머리 수리는 어떻게 새 힘을 얻을까요?

"네가 독수리처럼 높이 오르며 별 사이에 깃들일지라도 내가 거기에서 너를 끌어내리리라 여호와의 말씀이니라(욥 1:4)."

검은 머리 수리는 새 힘을 얻고자 할 때 태양을 바라보며 그 뜨거운 온도로 태양의 방향을 정확하게 알고 날아오른다고 합니다. 검은 머리 수리의 눈은 태양을 바라보아도 상하지 않고, 죽어도 썩지 않는 무기질로 되어 있습니다. 사람의 눈은 유기질로 되어 있기 때문에 태양을 바라보면 실명하고 죽으면 썩지만, 모든 짐승의 눈은 무기질로 되어 있기 때문에 태양을 오래 바라보아도 손상을 입지 않습니다.

태양 가까이에 간 검은 머리 수리는 그 뜨거운 열기로 인해 옛 깃털은 빠지고, 그 자리에 새로운 깃털이 나오게 됩니다. 새 깃털이 나오게 되면 오래된 깃털보다 더 큰 새 힘이 나오지 않겠습니까? 사람은 태양을 보면 눈이 상하기 때문에 하나님은 태양이 아닌 오직 나 여호와를 앙망하라고 합니다. 그러면 검은 머리 수리의 날개치며 올라감 같은 새 힘을 주신다고 약속하셨습니다.

검은 머리 수리는 날아오를 때 시속 100 km의 속도로 솟아오르며, 평면으로 날 때는 180 km로, 내려갈 때는 속도를 줄여 시속 100 km로 안전하게 내린다고 합니다. 여기에서 우리가 알 수 있는 것은 시속 100 km입니다. 오직 여호와를 앙망하는 자는 독수리가 날개치며 올라가는 시속 100 km와 같은 새 힘을 주신다고 할 때 놀라운 감동이 있습니다. 왜냐하면 세계적인 마라톤 선수도 42.195 km를 2시간 4분대에 완주해야 월계관을 쓸 수 있기 때문입니다. 그런데 창조주를 살아 계신 하나님으로 믿고 인정하는 사람이라면 누구나 항상 위를 올려다보며 하나님의 언약의 말씀을 기대하며 그의 구원하심을 바라보며 그의 뜻과 그의 나라와 그의 의를 열심히 찾고 그의 긍휼하심을 바라고 인내하면서 기다리면 이보다 더 놀라운 새 힘을 주신다는 것입니다. 영적으로, 육적으로 날마다 새 힘을 공급받는 근원을 알게 되는 것입니다.

여기에서 또 한 가지, 미국의 '흰 머리 수리'는 시속 240 km로 난다고 하니 이 또한 놀랄 만한 일입니다. 그래서 미국에서 이 새를 나라를 상징하는 새로 정한 것 같습니다.

비행기를 처음으로 발명할 때 모의 비행기가 계속 떨어져 많은 인명 피

---

2) 앙망하다(히브리어 카바)는 '기대하다, 바라보다, 열심히 찾다, 기다리다'의 뜻을, 사람(안드로포스)은 '위를 올려다본다'의 뜻을 지니고 있다. 여호와는 '하야(이다, 있다, 되다, 일으키다의 뜻)'에서 온 전능자이시다. 전능하신 하나님은 '엘샤다이(어머니의 유방 같은 하나님)'로써 우리를 세밀하고 완벽하게 창조하셔서 갓난아이가 젖꼭지를 물고 빨면 최고의 영양제가 공급되게 하셨다.

해를 냈습니다. 그래서 연구원 한 사람이 고민하며 묵상하던 중에 주일학교 때 배운 이사야 40장 31절 말씀이 떠올랐습니다. 여기에서 발견한 것은 독수리가 날개치며 올라간다는 사실이었다고 합니다.

독수리는 맹금류(猛禽類)의 최강자입니다. 날개의 길이는 2.5~3 m, 몸무게는 8~10 kg에 시력은 인간의 4~5배(5.0 안팎)에 달해 2 km 상공에서도 토끼를 찾아냅니다. 그 중에서도 몽골 독수리는 영민하고 힘이 세서 징기스칸 시대부터 전 세계에서 유일하게 사냥에 이용돼 왔습니다. 꿩, 토끼는 물론이고 노루, 영양, 이리 등 덩치 큰 동물까지 공격해 잡는 '하늘의 왕 중 왕'인 것입니다.

아프리카 수리는 시속 160 km의 속도로 급강하할 수 있고, 다리에 특수한 착륙장치가 되어 있어 7 m 이내에서 완전히 멈출 수 있습니다. 또한 세 개의 단단한 뼈로 되어 있어 반대 방향으로 이동할 수 있는 관절을 가지고 있습니다.

새가 하늘을 날 수 있는 것은 날개가 있기 때문입니다. 우리의 믿음은 새의 날갯짓과 같습니다. 믿음으로 힘껏 저어 훨훨 날아봅시다.

"나는 말하기를 만일 내게 비둘기같이 날개가 있다면 날아가서 편히 쉬리로다(시 55:6)."

사람은 날개가 없지만 비행기로 하늘을 날아다닐 수 있습니다. 새의 날개는 처음부터 완벽하게 설계되어 만들어진 것입니다. 완벽하게 설계된 새의 첫 번째 증거는 새의 바깥쪽에서부터 첫째 줄의 칼깃입니다. 이것은 프로펠러와 같은 작용을 합니다. 날개를 퍼덕여 몸을 앞으로 밀어냅니다. 둘째 줄과 셋째 줄의 칼깃은 비행기의 날개와 같은 작용을 하며 공기를 모아들이는 것처럼 합니다. 두 번째, 새의 날개는 아주 튼튼하며 쉽게 구부러지기도 하고, 비틀리기도 합니다. 세 번째, 새의 날개는 서로 가까이 붙어 있습니다. 이 때문에 날개가 바람에 이리저리 구겨져도 새는 부리를 사용하여 원래대

급강하에 필요한 깃털

전연장치

로 가지런히 할 수 있습니다. 마치 지퍼를 여닫는 것과 같습니다. 네 번째, 날개 끝에 붙어 있는 작은 깃털은 새가 착륙할 때 공기의 저항을 크게 하여 새가 안전하게 착륙할 수 있도록 합니다.

수리가 힘들이지 않고도 높이 오래오래 날 수 있는 것은 신체구조 때문입니다. 날기 위해서는 힘이 있어야 되고 가벼워야 합니다. 몸무게를 최대한 줄이기 위해 수리의 뼛속은 텅 비어 있고, 그 깃털들은 35만 개 이상의 조그만 갈고리들로 서로 얽혀 있습니다. 날개는 세 부분으로 되어 있는데 첫 번째는 공기의 저항을 줄여 주고, 두 번째는 제동을 걸어 속도를 줄여 주며, 세 번째는 공기를 쉽게 갈라 주는 역할을 합니다. 수리는 이 세 부분을 잘 조절하여 바람과 기류를 타고 날아가며 내릴 때는 꼬리를 아래로 향하여 브레이크를 겁니다.

새의 날개는 어깨 관절이 360도로 자유롭게 움직이는 특징이 있습니다. 어느 동물이든 날기 위해서는 강한 힘과 가벼운 몸무게가 필요합니다. 그런데 새들의 뼈는 그 속이 비어 있고 버팀뼈로 보강되어 있습니다. 깃털은 새의 몸을 외부의 온도와 차단하고 새가 나는 데 도움을 줍니다. 그 중에서도 절연체 또는 부도체로서의 기능이 아주 중요합니다. 새의 뼛속은 트러스 (truss) 기둥 구조로 되어 있어 어떤 바같의 방해에 대해서도 안정적으로 힘을 분배할 수 있습니다. 사람들은 이 원리를 적용하여 비행기 날개를 제작하였습니다.[3]

과학자는 보통 사람보다 상상력과 관찰력과 통찰력이 뛰어납니다. 그래서 독수리가 날개치며 올라간다는 사실을 생각하게 된 것입니다. 과학자는 관찰력을 동원해서 어떻게 나는지, 어떻게 내려오는지 살펴본 결과, 올라갈 때 날개깃을 붙이고 내려갈 때는 날개깃 양쪽 한 부분을 드는 것을 관찰하게 됩니다. 여기에서 놀라운 발견이 나옵니다. 비행기가 착륙할 때 창을 통해서 보면 날개 양쪽 가운데 부분이 위로 들리는 것을 볼 수 있는데 이것이 전연장치(flap, 보조날개)로써 수리의 이륙·착륙하는 모습을 통해서 발명하게 된 것입니다. 이때부터 비행기는 안전하게 이륙하고 착륙하게 되었습니다. 그러나 태풍이 불면 사람이 정교하게 만든 비행기는 이륙을 못해도 하나님이 만드신 정교한 수리는 아무런 하자 없이 유유히 태풍 속을 뚫고 구름 위의 안전지대로 올라가서 태양빛을 받으며 즐기다가 다시 내려오게 됩니다. 이처럼 하나님은 모든 것을 완벽하게 창조하신 전능하신 하나님이십니다.[4]

또 눈여겨볼 것은 수리가 자신의 필요에 따라 깃을 들었다가 놓았다 하는 것을 보고 발명해 낸 지퍼장치(zipper)입니다. 지퍼장치는 가방이나 옷, 텐트 등 어디에서나 쓰이는 아주 편리한 장치로서 이 세상이 존재하는 동안 쓸 수 있는 귀한 발명품입니다.

이와 같이 수리와 항공공학(비행기의 원리)은 밀접한 관계가 있습니다. 우리도 하나님 말씀을 잘 묵상하고, 살피고, 통찰력을 통해서 꿰뚫어보면 우리에게 필요한 더 많은 유용한 것들을 만들어낼 수 있을 것입니다.

---

3) 김치원 저, 『창조는 과학, 진화는 비과학』(갈릴리 사, 2003), p.145.
4) 김영길 외, 『기원과학』(도서출판 한국창조과학회, 2003), p.205.

딱따구리(Woodpecker)

딱따구리의 부리는 1초에 15회나 나무를 쫀다고 합니다. 그런데 딱따구리의 부리가 부러졌다는 뉴스는 한 번도 접한 적이 없습니다. 왜 그럴까요? 그리고 딱딱한 나무를 1분에 900회나 쪼는데 왜 뇌진탕에 걸리지 않을까요? 학자들의 연구에 의하면 딱따구리의 머리 안에는 충격흡수장치가 있어서 어떤 충격도 흡수할 수 있다고 합니다. 사람은 조금만 부딪혀도 목 디스크나 골절 등 큰 어려움을 당하게 되지만 사람보다 못한 딱따구리는 1초에 기관단총의 약 두 배의 속도로 나무를 수분 동안 쪼아도 아무런 충격도 받지 않는다고 하니 얼마나 놀라운 창조의 솜씨입니까?

또 놀라운 사실이 있습니다. 딱따구리가 비교적 얇은 나무 윗쪽 부분을 쪼아서 구멍을 내면 맨 밑바닥에 있는 벌레를 어떻게 낚아챌까요? 학자들이 연구한 결과, 딱따구리의 혀는 슬금슬금 뒤(두개골)로 도망가는 이상한 혀이며 혀끝에는 끈끈한 액체가 있어 혀를 먹이에 가져다 대면 어김없이 붙어 떨어지지 않는다고 합니다. 더욱 놀라운 것은 머릿속 안으로 혀를 둘둘 감아 올렸다가 먹이를 낚아챌 때는 보통 때의 혀 길이의 4배 이상으로 늘어난다고 합니다. 더더욱 놀라운 것은 나무에 비스듬히 붙어 쪼기 시작하면 나무

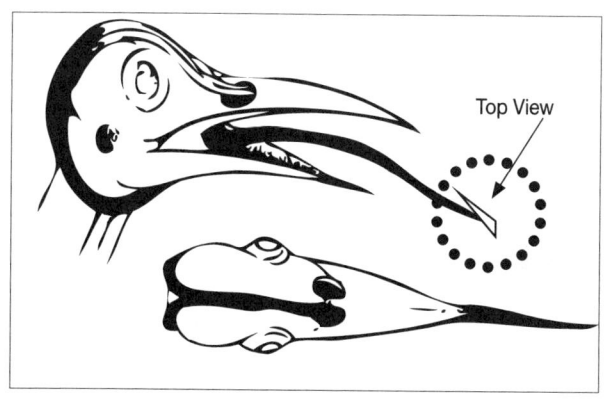

Top View

☜ 딱따구리 혀의 비밀[5]

의 톱밥이 딱따구리의 코에 떨어져 숨이 막히게 되는데, 놀랍게도 코에 자동문이 있어서 코 문을 닫는다고 합니다. 쪼기가 끝나면 코에 닫혔던 문은 자동적으로 열리게 됨으로써 아무런 피해도 없이 먹이를 먹을 수 있는 구멍을 뚫게 되는 것입니다.

또한 딱따구리의 꽁지는 나무에서 절대 밀려나지 않는 자동차의 핸드브레이크와 같은 기능이 있다고 합니다.

이 모든 사실로 미루어볼 때 딱따구리는 우연히 진화해서 만들어진 새가 아닙니다. 딱따구리가 나무를 쪼아서 그 속에 있는 벌레를 먹을 수 있도록 모든 장치를 정교하게 설계하여 만든 하나님의 놀라운 솜씨의 피조물인 것입니다. 그래서 욥기 12장 7절의 "…공중의 새에게 물어보라 그것들이 또한 네게 말하리라."라는 말씀처럼 공중의 새 하나하나에 물어보고 살펴보고 깊이 꿰뚫어보면 놀라운 발견을 할 수 있을 것입니다.

여기에서 중요한 것은 '물어보면(ask) 가르치리라' 또는 '말하리라'라고 한 사실입니다. 우리는 먼저 하나님께, 나에게 집요하게 질문을 꾸준히 함으로써 정확한 해답을 얻을 수 있을 것입니다.

5) 김정훈 저, 『이브의 배꼽, 아담의 갈비뼈』(서울: 예영커뮤니케이션, 2004), p.168.

성전세와 물고기

"가버나움에 이르니 반 세겔 받는 자들이 베드로에게 나아와 이르되 너의 선생은 반 세겔을 내지 아니하느냐 이르되 내신다 하고 집에 들어가니 예수께서 먼저 이르시되 시몬아 네 생각은 어떠하냐 세상 임금들이 누구에게 관세와 국세를 받느냐 자기 아들에게냐 타인에게냐 베드로가 이르되 타인에게니이다 예수께서 이르시되 그렇다면 아들들은 세를 면하리라 그러나 우리가 그들이 실족하지 않게 하기 위하여 네가 바다에 가서 낚시를 던져 먼저 오르는 고기를 가져 입을 열면 돈 한 세겔을 얻을 것이니 가져다가 나와 너를 위하여 주라 하시니라(마 17:24-27)."

위에서 보는 바와 같이 예수님께서 가버나움에 들어가셨을 때 예수님을 없애야 된다고 하는 자들이 수제자 베드로에게 "너희 선생은 세금 반 세겔을 내지 아니하느냐?"라고 질문을 던집니다. 이때 베드로가 황급히 "내신다." 하고 집안으로 들어갔을 때 예수님께서 먼저 아시고 베드로의 생각을 물어보십니다. "세상 임금들이 누구에게 관세와 국세를 받느냐?" 하는 질문에 베드로는 "타인에게서 받습니다."라고 정확하게 대답을 합니다. 여기에서 우리가 알 수 있는 것은 아들들은 아버지에게 세금을 내지 않는다는 것입니다. 만약 여기에서 예수님께서 제자들에게 세금을 내는 방법을 가르쳐 주

☜ 갈릴리 호수

지 않아 세금을 내지 않는다면 그들이 실족하게 될 것이고 예수님은 탈세범
이라는 누명을 뒤집어쓰게 될 것입니다.

여기에서 예수님은 베드로에게 세금 내는 방법을 정확하게 가르쳐 주
십니다.

"네가 바다에 가서 낚시를 던져 먼저 오르는 고기를 가져 입을 열면 돈
한 세겔을 얻을 것이니 가져다가 나와 너를 위하여 주라."

여러분은 이 말씀이 믿어지십니까? 어떻게 물고기 입 속에서 한 세겔의
동전을 얻을 수 있을까요?

이스라엘 갈릴리 호수[6]에 가면 길이가 120 cm나 되는 일명 '베드로 고기
(큰 고기는 몸에 점이 있는 틸라피아의 일종)'라는 어종이 지금도 서식하고 있습니
다. 이 물고기는 호수 밑바닥에 내려가 작은 돌멩이에 산란하고 다른 물고기
에게 잡아먹히지 않도록 일정기간 알을 입 안에 넣어서 부화시키는 습성을

---

6) 지중해 수면보다 200 m 낮으며, 골란고원보다는 500 m 낮은 곳이어서 높은 곳으로부터
낮은 곳으로 계속 바람이 불므로 풍랑이 잦은 곳이다. 길이는 남·북으로 약 50리, 동·서
로는 30리 정도 되는 바다 같은 호수이다. 그래서 성경에서는 호수 또는 바다로 번역되어
있다.

갖고 있습니다(mouthbreeder). 이때 어미 물고기는 알이 부화 직전까지 기대고 살던 작은 돌멩이들을 함께 입 안에 넣어었다가 일정 크기가 되면 독립하도록 토해 내게 됩니다. 이때 작은 돌멩이 중에는 갈릴리 호수에 나와 기도하던 사람들이 던진 동전들, 흙에 묻은 채 동전인지 흙인지 구분할 수 없는 상태에서 물고기가 삼킨 동전들이 섞여 있습니다.[7]

예수님은 이 사실을 정확히 아시고 베드로에게 낚시를 던져 먼저 오르는 고기의 입을 열어 너와 나를 위하여 돈 한 세겔을 성전세로 주라고 하셨습니다. 과연 바다에 가서 낚시를 던져 먼저 오르는 고기의 입을 여니 그 안에 있는 한 세겔이 있었습니다. 예수님은 동전 한 세겔을 세금으로 냄으로써 탈세범이라는 오명을 벗게 하셨던 것입니다. 이와 같이 우리가 제대로 연구하면 과학은 하나님을 가리키는 것입니다. 왜냐하면 하나님은 과학(자연법칙)을 만드셨기 때문입니다.

욥기 38장 33절에서 하나님은 "네가 하늘의 궤도(히 : (후코트) 자연법칙, 즉 우주 만물의 법칙)를 아느냐 하늘로 하여금 그 법칙을 땅에 베풀게 하겠느냐."라고 하십니다. 히브리어로 해석해 보면 "너는 내가 만든 우주 만물의 법칙(과학)을 아느냐?"입니다.

말씀을 전할 때 확신 없이 전함으로 받는 이들이 이 말씀을 신화나 비유로 치부하고 불신하다 보니 말씀의 위력을 잃고 나약한 상태에 머물게 되는 것을 보게 됩니다.

이상에서 보는 것처럼 제대로 시험해 보고 연구·조사·질문을 통해 판단해 보면 이 성전세의 말씀은 너무나 정확무오한 말씀입니다.

---

7) 이누카이 미치코 저, 『성서기행3(신약편)』(한길사, 1999), p.276.

두 번의 급식 기적

(1) 마태복음과 마가복음에 두 번 나타나는 급식 기적의 비교

	5,000명 급식 (마 14:14-21, 막 6:34-44)	4,000명 급식 (마 15:32-39, 막 8:1-10)
장 소	- 타부가	- 텔 하다르와 크루시 중간지점인 '벳새다 율리오'이지만 습지이므로 '텔 하다르'일 것임. - BC 722년 앗수르 침공 때의 성터가 발견됨.
계 절	- 봄철(푸른 풀밭) - 이스라엘은 겨울과 봄에만 비가 내림.	- 여름철(땅 위, 돌 위)
사용된 도구	- 떡 다섯 개와 물고기 두 마리	- 떡 일곱 개와 작은 생선 두어 마리(싸르티네스)
먹고 남은 부스러기를 담은 광주리 숫자	- 12바구니(코피노스- 일상용으로 집에서 쉽게 사용하는 것, 손잡이가 없는 작은 광주리) - 12광주리는 이스라엘의 12지파를 상징	- 일곱 광주리(스퀴리노스- 여행용으로 손잡이가 달려 있고 코피노스 보다 큰 광주리, 3일 동안 예수님을 따라다니려면(막 8:2) 준비를 단단히 했을 것이며 이동하기에 좋도록 손잡이가 달린 광주리를 사용했을 것임). - 떡 일곱 개와 일곱 광주리는 가나안 땅 이방 7족속(행 13:19)을 상징
먹 은 사람의 수	- 5,000명(여자와 어린 아이 제외)	- 4,000명(여자와 어린 아이 제외)
급식 대상	- 유대인	- 이방인

에레모스 산 꼭대기에서 바라본 갈릴리
(예수님께서 산상수훈을 가르치시던 곳)

에레모스 동굴(예수님께서 풍랑을 만난 제자들에게
가기 전에 기도하신 곳)

**(2) 첫 번째 급식 기적 후에 예수님은 왜 제자들을 재촉하여 벳새다로
보내었으며 예수님은 어디 계셨을까요?**

5,000명 급식 사건이 헤롯에게 알려지기 전에 급히 피해야 했으므로 재
촉했으며, 예수님은 기도하시러 '에레모스 동굴'에 가셨습니다. 이 굴은 위에
서도, 밑에서도 보이지 않으며 갈릴리 바다에서만 보이는 굴입니다.

**(3) 첫 번째 급식 기적 후에 '물 위를 걸으신' 기사를 보면 제자들이 호
수에서 풍랑을 만나 밤새 노를 젓고 있었습니다. 밤새 노를 저은 이유와
어디에서 어디로 가다가 결국 어디로 다시 왔으며 그 방향을 바꾼 이유는
무엇이며 그 다음은 어디로 갔으며 그 이유는 무엇일까요?**

겨울과 봄에 부는 동풍(사르키예)을 만나 밤새 노를 저었습니다. 이 동
풍은 매우 위험하고 가끔 갑작스럽게 풍랑을 일으키기 때문에 앞으로 나
아갈 수가 없었습니다. 마가단에서 벳새다로, 다시 게네사렛으로 갔습니다.
원래 헤롯의 눈을 피하기 위해 벳새다로 가려다가 다시 갈릴리로 돌아왔으
므로 빨리 헤롯의 눈을 피해야 했기 때문에 헤롯의 관할 밖인 이방 땅으로
간 것입니다.

(4) 두 번째 급식 기적 당시 예수의 소문을 듣고 많은 무리가 모여든 이유는 무엇일까요?

예전에 군대 귀신 들렸다가 고침을 받은 사람이 예수의 명령대로 데가볼리(이방땅)에서 선교 사명에 충성한 결과입니다.

(5) 두 번째 급식 기적이 상징하는 큰 의미는 무엇일까요?

이방인들에게도 메시아 시대가 왔음을 알리고자 하시는 예수님의 뜻입니다.

(6) 물고기의 종류

"예수께서 이르시되 너희에게 떡이 몇 개나 있느냐 이르되 일곱 개와 작은 생선 두어 마리가 있나이다 하거늘(마 15:34)"

이때 작은 물고기(헬 : 익뒤디온)는 아주 작은 물고기를 말하며 사천 명을 먹이고도 일곱 광주리를 남겼습니다. 여기에서 광주리(헬 : 스퓌리노스)는 양식을 담아 옮기는 크고 유연성이 있는 바구니(a basket)로서 손잡이가 달린 도시락 가방임을 고고학적인 자료조사에 의해서 알 수 있습니다. 마태복음 15장 37절, 마가복음 8장 8절, 사도행전 9장 25절에서도 똑같이 쓰이고 있습니다.

"그러나 우리가 그들이 실족하지 않게 하기 위하여 네가 바다에 가서 낚시를 던져 먼저 오르는 고기를 가져 입을 열면 돈 한 세겔을 얻을 것이니 가져다가 나와 너를 위하여 주라 하시니라(마 17:27)."

마태복음 17장 27절, 누가복음 5장 6절, 요한복음 21장 11절의 물고기는 큰 물고기(a fish)입니다.

"그렇게 하니 고기를 잡은 것이 심히 많아 그물이 찢어지는지라(눅 5:6)."

예수께서 죽은 자 가운데서 살아나신 후에 세 번째로 제자들에게 나타나셔서 떡과 생선을 주시며 조반을 먹으라 하실 때의 물고기는 어떤 물고기일까요?

"시몬 베드로가 올라가서 그물을 육지에 끌어올리니 가득히 찬 큰 물고

🐟 예수님의 배에 탑승

기가 백쉰세 마리라 이같이 많으나 그물이 찢어지지 아니하였더라(요 21:11).”

“제자들이 이르되 여기 우리에게 있는 것은 떡 다섯 개와 물고기 두 마리뿐이니이다(마 14:17).”

누가복음 5장 6절, 요한복음 21장 11절, 마태복음 14장 17, 19절에 나오는 물고기 또한 큰 물고기입니다.

“여기 한 아이가 있어 보리떡 다섯 개와 물고기 두 마리를 가지고 있나이다 그러나 그것이 이 많은 사람에게 얼마나 되겠사옵나이까(요 6:9).”

요한복음 6장 9절의 물고기 두 마리(헬 : 옵사리온)는 요리된 고기에서 파생된 말로써 작은 물고기(a little fish)입니다.

“망(網, net)을 쳐야 고기를 잡습니다.” 우리가 일을 망쳤을 때, 또는 실패했을 때 그것을 딛고 일어서면 성공할 수 있습니다. 가장 위험한 실패는 성공이라고 했습니다. 성공했을 때 교만하면 곧 넘어질 수 있습니다.

(7) 153마리의 비밀(요한복음 21장 3-14절)

예수님은 부활 후 갈릴리로 가서 밤새도록 수고했으나 물고기 한 마리도 얻지 못한 일곱 제자들에게 나타나서서 말씀하셨습니다. “그물을 배 오른편에 던지라. 그리하면 잡으리라.” 제자들이 예수님의 말씀에 따라 그물을 던졌더니 물고기가 너무 많아서 그물을 들 수가 없었습니다(요 21:3-6). 여기에는 어떤 비밀이 들어 있을까요?

히브리어는 알파벳마다 숫자값이 있어 그 뜻을 수학적으로 분석할 수 있습니다. '153'은 '$1^3+5^3+3^3$'으로(정육면체와 관련된 수) 거룩함(holiness)을 나타냅니다. 성소와 지성소 등은 정육면체로 거룩한 곳입니다. 더군다나 '하나님의 아들(히브리어 : 베니 하엘로힘)'은 그 숫자값이 153입니다.

153마리의 물고기를 잡은 이 기적은 주님이 베드로에게 "이제 육신의 일을 하지 말고 부활하시기 전에 분부한 대로 하나님의 일을 하라." 하시며 이제 "사람 낚는 어부가 되리라." 하셨던 말씀(마 4:19)을 기억하게 해주신 것이라 생각할 수 있습니다. 왜냐하면 베드로 등 제자들은 삼 년간 주님으로부터 듣고 보고 경험한 것들과 승천하시기 전에 부탁하신 말씀을 잊어버리고, 육신의 일(고기잡이)만 할 땐 소득도, 소망도 없었습니다. 하지만 말씀에 순종하여 즉시 행할 때 인간의 지식과 경험을 넘어서는 큰 횡재(큰 물고기 153마리 : 크기가 보통 120 cm나 됨)를 하는 산 체험을 통해 소망을 되찾게 되고 그후 죽기까지 부활의 주님을 증거했습니다.

153은 평범한 숫자가 아닙니다. 정삼각수와 같습니다. 이 수는 사람이 만들 수 없는 거룩한 수입니다. 요한복음 1장 12절 말씀에 의하면 예수님의 이름을 믿는 자들에게는 하나님의 자녀가 되는 권세(권한)를 주셨다고 합니다. 하나님의 상속자로서의 '위임받은 전권'을 주셨다고 하는 엄청난 말씀입니다. 이것은 예수님인 줄 모르고 말씀에 순종하여 큰 물고기 153마리(엄청난 금액)를 횡재한 제자들에게 이제 육신의 일(물고기잡이)을 하지 말고 내가 부탁한 대로(마 28:16-20), 배운 대로 일하라고 보여 주신 것이 아닐까요?

이 비밀은 오늘의 우리, 이 비밀을 이해할 수 있는 모든 사람들에게 숨겨놓으셨습니다. 계속 '작은 소리로 읊조리도록(시 1:1의 묵상, 히브리어로 하가)' 하신 것이며 계속 말씀을 '하가'하면서 질문과(욥 12:7-8) '아나크리노(시험, 연구, 조사, 질문, 판단)로 그 답을 얻으라고 숨겨왔을 것입니다.

물고기와 조선공학(배의 원리)

조선공학적으로 이상적인 배는 물고기와 비슷한 폭과 길이의 비율입니다. 배의 폭과 길이의 비율을 정하는 연구를 한 결과, 이 비율은 0.21~0.30 사이가 최적이라는 사실을 알게 되었습니다. 그런데 물속에서 자유롭게 살고 있는 물고기들의 폭과 길이의 비율을 조사해 보면 고래가 0.21, 돌고래가 0.25, 상어가 0.26, 참치가 0.28 등으로 정확히 0.21~0.30 사이의 최적의 비율에 포함됩니다. 이처럼 물고기는 다른 생명체로 진화해 나가는 과정의 불완전한 생물이 아니며, 물속에서 살기에 가장 적합하도록 완벽히 설계된 하나님의 피조물인 것입니다.[8]

---

8) 김영길 외, 『기원과학』(도서출판 한국창조과학회, 2003), p.202.

물 위를 걸었던 기적은 가능할까?

물 위를 걸었지만 물속에 빠지지 않으신 분은 예수님밖에 없습니다(마 14:25, 막 6:45-52, 요 6:15-21).

러시아의 천재 수학자 **그리고리 페렐만**(Grigori Yakovlerich Perelman)은 수학계의 7대 난제 중 하나인 '푸앵카레 추측(Poiucare Conjecture)'을 해결한 (2002년) 공로로 2006년 **수학계의 노벨상**인 '필즈 메달'을 수상했습니다. 그는 러시아 일간신문 《콤소몰스카야 프라우다(Komsomolskaya Pravda)》와의 인터뷰에서 다음과 같이 밝혔습니다(2011. 4.28).

"나는 어린 시절에 예수님이 물 위를 걸었다는 기적을 수학적으로 풀이하면서 실력을 키웠습니다. 학창 시절, '물 위를 걷는 예수님' 같은 성경 속 기적을 수학적으로 풀이하며 '예수님이 물에 빠지지 않으려면 얼마나 빨리 걸어야 하는지' 계산했습니다. 까다롭긴 했지만 풀 수 없는 문제는 아니었습니다."

사람들은 보통 각자의 판단에 따라 자기가 믿을 수 없는 기적은 '있을 수 없는 일'이라고 여기고 그냥 간과해 버리지만 페렐만은 성경은 진리의 말씀이며 또한 '예수님이 물 위를 걸으신 것'은 '사실이었다.'라고 믿으며 문제를 풀어보려고 노력했습니다.

'얼마나 빨리 걸으면 물속에 빠지지 않을까'에 초점을 맞추어 문제를 풀어 본 결과 물 위를 걷는 것은 가능하다는 것을 알아내었고, 계속 정진한 결과 수학의 난제를 해결하는 놀라운 업적을 낳게 되었습니다.

신약성경 고린도전서 2장 15절의 "신령한 자는 모든 것을 판단하나…(The spiritual man makes judgments about all things…)"에서 '판단하다(헬라어 ana-krino)'는 '시험하다(to examine closely), 연구하다(to scan, scrutinize), 조사하다 (to try judicially), 질문하다(to put question), 평가하다(to appreciate), 분별하다(to discriminate), 판단하다(to judge)'의 뜻을 가지고 있습니다.

디모데후서 3장 16절의 "모든 성경은 하나님의 생기를 받아 기록된 것(헬라어 : 데오 프뉴스토스, God breathed)이므로 하나님의 생기를 받아 생령인 우리가 아나크리노의 자세로 말씀을 믿고 연구해 가면 놀라운 발견과 발명들이 이어지리라 확신합니다.

초음속 비행기의 개발

과학자들이 시속 6,000 km 이상 되는 비행기를 개발하고자 할 때였습니다. 여러 차례 실험한 결과 시속 660 km 이상으로 가속하면 날개가 부러지는 것을 경험하였습니다. 그래서 과학자들이 심한 무기력중에 빠졌습니다.

과학자들은 서로 토론한 결과 마지막으로 랍비에게 가서 이러한 사정을 이야기하고 우리를 도와 달라고 간청했습니다. 랍비는 과학자가 아닙니다. 그러나 그 말을 들은 랍비는 조용히 생각하더니 종이 두 장을 가져오라고 합니다. 종이를 가져오자 한 장에는 아주 미세한 구멍을 뚫고, 다른 한 장은 그대로 둔 채 날려보냈습니다.

어느 종이가 떨어지지 않았을까요? 미세한 구멍을 뚫은 종이는 여유 있게 공중에 떠 있었습니다. 랍비는 이를 지켜본 과학자들에게 "가서 비행기 날개에 아주 미세한 바늘구멍을 뚫으십시오."라고 했습니다. 과학자들은 비행기 날개에 눈에 보이지 않는 아주 작은 구멍을 뚫어 실험한 결과 시속 660 km를 넘어 시속 6,000 km까지 나가는 초음속 비행기를 개발하게 되었습니다.

"나에게 이르시기를 내 은혜가 네게 족하도다 이는 내 능력이 약한 데서 온전하여짐이라 하신지라 그러므로 도리어 크게 기뻐함으로 나의 여러 약한 것들에 대하여 자랑하리니 이는 그리스도의 능력이 내게 머물게 하려 함이라 그러므로 내가 그리스도를 위하여 약한 것들과 능욕과 궁핍과 박해와 곤고를 기뻐하노니 이는 내가 약한 그 때에 강함이라(고후 12:9-10)."

"…약한 것으로 심고 강한 것으로 다시 살아나며(고전 15:43)"

이처럼 하나님의 말씀은 영적인 것뿐만 아니라 실생활에도 도움이 됩니다.

눈의 신비

"그런즉 지혜는 어디서 오며 명철이 머무는 곳은 어디인고 모든 생물의 눈에 숨겨졌고 공중의 새에게 가려졌으며(욥 28:20-21)"

(1) 인간의 눈

스터미우스(Sturmius)는 "눈을 연구하는 것이 곧 무신론자를 치유하는 일이다."라고 하였습니다. 그만큼 눈은 중요한 신체 부위 중 하나입니다.

눈을 만드신 이는 누구인가요? 성경은 이렇게 이야기합니다.

"귀를 지으신 이가 듣지 아니하시랴 눈을 만드신 이가 보지 아니하시랴 (시 94:9)."

그렇다면 눈은 왜 중요할까요? 성경은 이렇게 이야기합니다.

"눈은 몸의 등불이니 그러므로 네 눈이 성(盛)하면 온 몸이 밝을 것이요 (마 6:22)."

여기에서 '성(盛)하다(헬 : 하플로스)'라는 말은 '단순하다', '순진하다', '진실 하다'라는 뜻을 가지고 있습니다. 눈이 단순해야 머리에서 빨리 파악하고 행 동하게 되는 것은 다 알 수 있는 사실입니다. 예수님은 천국의 출발점을 '단순한 눈이라고 보신 것입니다. 마태복음 7장 7절의 "구하라 그리하면 너희에게 주실 것이다."라는 말씀 또한 단순한 믿음을 말하고 있습니다.

성경은 눈의 여러 가지 성격을 다음과 같이 이야기합니다.

① 눈의 위험성

"너희가 그것을 먹는 날에는 너희 눈이 밝아져 하나님과 같이 되어 선악을 알 줄 하나님이 아심이니라 여자가 그 나무를 본즉 먹음직도 하고 보암직도 하고 지혜롭게 할 만큼 탐스럽기도 한 나무인지라 여자가 그 열매를 따먹고 자기와 함께 있는 남편에게도 주매 그도 먹은지라(창 3:5-6)."

② 눈의 으뜸됨

"볼지어다 그가 구름을 타고 오시리라 각 사람의 눈이 그를 보겠고 그를 찌른 자들도 볼 것이요 땅에 있는 모든 족속이 그로 말미암아 애곡하리니 그러하리라 아멘(계 1:7)."

구조로만 비교하는 진화는 맞지 않습니다. 왜냐하면 빛과 색깔을 인식 못하는 단순한 물질이 빛과 색깔을 인식하는 굉장히 복잡한 생물체가 된다는 것은 불가하기 때문입니다.

(2) 삼엽층의 눈[9]

삼엽층은 해저 1,500 m에서 살지만 어떤 찌그러짐도 없는 완벽한 상(像)을 맺는 결정 렌즈(겹눈 렌즈)를 갖고 있습니다.

사람의 눈은 육신의 눈과 믿음의 눈이 있습니다.

---

9) 창조과학회 저, 『기원과학』(두란노 사, 2003), p.208.

"믿음은 바라는 것들의 실상이요 보이지 않는 것들의 증거니 선진들이 이로써 증거를 얻었느니라 믿음으로 모든 세계가 하나님의 말씀으로 지어진 줄을 우리가 아나니 보이는 것은 나타난 것으로 말미암아 된 것이 아니니라 믿음으로 아벨은 가인보다 더 나은 제사를 하나님께 드림으로 의로운 자라 하시는 증거를 얻었으니 하나님이 그 예물에 대하여 증언하심이라 그가 죽었으나 그 믿음으로써 지금도 말하느니라 믿음으로 에녹은 죽음을 보지 않고 옮겨졌으니 하나님이 그를 옮기심으로 다시 보이지 아니하였느니라 그는 옮겨지기 전에 하나님을 기쁘시게 하는 자라 하는 증거를 받았느니라 믿음이 없이는 하나님을 기쁘시게 하지 못하나니 하나님께 나아가는 자는 반드시 그가 계신 것과 또한 그가 자기를 찾는 자들에게 상 주시는 이심을 믿어야 할지니라(히 11:1-6)."

프리즘에 빛이 들어가면 빨강, 주황, 노랑, 초록, 파랑, 남색, 보라색으로 퍼지게 됩니다. 볼록렌즈도 엄밀히 보면 일종의 프리즘 같아서 광선이 들어오면 한 점에 초점이 맺어지지 않고 빨강, 주황, 노랑, 초록, 파랑, 남색, 보라색으로 퍼지게 되어 상이 흐려집니다. 이러한 현상을 '색 수차(Chromatic aberration)현상'이라고 합니다.

광물리학자(미국 시카고 대학 리카르도 레비 세터 박사 등)들은 이러한 수차를 없애고 선명한 광학기구를 만들고자 많은 연구를 한 끝에, Abbe의 법칙, Sine의 법칙, Ferma의 법칙 등의 까다로운 계산과 연구를 통하여 색 수차를 없애는 복합렌즈의 원리를 알아내게 되었습니다.

우리는 삼엽충이라 하면 고생대 지층에서 발견되는 아주 원시적인 생물로만 알고 있습니다. 그런데 최근에 삼엽충 화석을 면밀히 조사해 본 결과, 과학자들은 놀라운 사실을 발견하게 되었습니다. 삼엽충의 눈은 수많은 렌즈로 되어 있는데, 렌즈 하나하나가 정밀한 복합렌즈로 구성되어 있어서 색 수차와 구면 수차를 최소한으로 줄여, 물속에서 물체를 정확히 볼 수 있게 되어 있다는 것입니다. 삼엽충은 진화 초기의 어떤 원시적인 생명체가 아니고 최첨단 광물리학으로서만 해결되는, 겹눈-복합렌즈의 하이테크 장치를 가진 하나님의 멋진 피조물인 것입니다.

(3) 나방의 눈(Moth eye)

사람이 만든 거울은 불완전하여 90%만 우리에게 반사시켜 주는 데 비해 하나님께서 만드신 나방은 100%를 우리에게 반사시켜 줍니다. 그 안에 들어가면 머리카락의 1/100의 구조(200nano)로 거의 360도를 본다고 합니다.

"우리가 지금은 거울로 보는 것같이 희미하나 그때에는 얼굴과 얼굴을 대하여 볼 것이요 지금은 내가 부분적으로 아나 그때에는 주께서 나를 아신 것 같이 내가 온전히 알리라(고전 13:12)."

(4) 몰포 나비(Morpho Rhetenor Butterfly)

몰포 나비는 1,609 m 밖의 하늘에서도 보이는데 너무 작아서 잡을 수 없습니다. 그러나 이 작은 나비의 몸체는 햇빛을 받으면 움직이는 방향에 따라서 각각 다른 색깔로 반짝이기 때문에 나비 채집가들은 정확하게 공포를 쏘아 떨어뜨려 채집하게 됩니다. 사람의 시력은 한계가 있지만 하나님께서 만드신 이 나비는 정교하게 설계되어 만든 피조물이어서 광선을 받으면 빛을 발하여 멀리서도 볼 수 있게 한 것입니다.

2장 성경 속의 과학적인
창조의 증거들

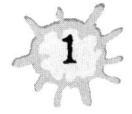

지혜와 과학적 지식

이스라엘의 초대 수상과 3대 수상을 지낸 벤 구리온(David Ben-Gurion, 1886-1973)은 "정신이 지배하는 사회(사 40:3)"라는 강연에서 이렇게 말했습니다.

"누구든지 지혜를 얻으려거든 광야로 가십시오. 거기서 당신들은 지혜를 배우게 될 것입니다. 여러분이 갖고 있는 과학적 지식이 진짜인지 가짜인지는 광야에서 판가름날 것입니다. 이스라엘 어머니들이여, 당신의 자녀들을 신성한 과학을 가르칠 지도자들에게 맡길 줄 알아야 합니다."

여기에서 지혜는 무엇입니까?

"여호와를 경외하는 것이 지혜의 근본이요 거룩하신 자를 아는 것이 명철이니라(잠 9:10)."

"여호와를 경외함이 지혜의 근본이라 그의 계명을 지키는 자는 다 훌륭한 지각을 가진 자이니 여호와를 찬양함이 영원히 계속되리로다(시 111:10)."

위의 말씀에서 경외하다는 '인정하다', 근본은 '시작'이라는 뜻을 가지고 있습니다. 그러므로 잠언 9장 10절을 이렇게 표현할 수 있습니다.

"여호와를 여호와로 인정하는 것이 지혜의 시작이다."

지혜의 유익은 무엇입니까? 전도서 10장 10절에서 보면 "철 연장이 무디어졌는데도 날을 갈지 아니하면 힘이 더 드느니라 오직 지혜는 성공하기에 유익하니라."라고 기록하고 있습니다. 지혜는 이와 같이 성공하기에 유익하기 때문에 말씀 속에서 지혜를 얻어야 합니다. 그렇다면 광야는 무엇입니까? 히브리어로 광야는 '미다발(미 : from, 다발 : 하나님의 말씀)'입니다. 이는 '하나님 말씀을 듣는 곳'이라는 뜻입니다. 광야에서는 사람의 소리를 들을 수 없지만 하나님의 말씀을 들을 수는 있습니다. 태양과 구름 속에서 별빛과 폭풍우 속에서 조용히 속삭이는 그 음성, 그 말씀을 말입니다.

이스라엘 어머니들은 자녀들이 귀가하면 제일 먼저 묻는 질문이 "너 오늘 선생님한테 어떤 좋은 질문을 하고 왔느냐?"입니다. 질문을 한다는 것은 미리 읽고 생각하고 이해되지 않는 것을 물어본다는 것입니다. 여기에서 신성한 과학은 무엇입니까?

"신령한 자는 모든 것을 판단하나 자기는 아무에게도 판단을 받지 아니하느니라(고전 2:15)."

"여호와께서 행하시는 일들이 크시오니 이를 즐거워하는 자들이 다 기리는도다(시 111:2)."

"악인은 그의 교만한 얼굴로 말하기를 여호와께서 이를 감찰하지 아니하신다 하며 그의 모든 사상에 하나님이 없다 하나이다(시 10:4)."

고린도전서 2장 15절에서의 판단(헬 : 아나크리노)이라는 말은 ① 시험 ② 연구 ③ 조사 ④ 질문 ⑤ 분별, 평가 또는 판단이라는 뜻을 가지고 있습니다. 영적인 사람이 말씀을 이와 같이 과학적인 자세로 진지하게 제대로 연구하기만 하면 과학은 하나님을 가리키는 것을 절감하게 됩니다.

"믿음으로 모든 세계가 하나님의 말씀으로 지어진 줄을 우리가 아나니 보이는 것은 나타난 것으로 말미암아 된 것이 아니니라(히 11:3)."

"집마다 지은 이가 있으니 만물을 지으신 이는 하나님이시라(히 3:4)."

고고학의 증거(요한복음 1장 1절)

"태초에 말씀이 계시니라 이 말씀이 하나님과 함께 계셨으니 이 말씀은 곧 하나님이시니라(요 1:1)."

고고학은 성경의 역사를 뒷받침합니다. 위의 말씀에서 태초는 헬라어로 'arche(이해할 수 없는, 영원 전 시작[10])'이고, 말씀은 'logos(헬 : 원리, 이성(理性), 생명, 진리)'로써 이를 합치면 'archaeology(고고학(考古學))'입니다. 왜냐하면 태초에 말씀이 함께 계셨기 때문입니다. 헬라 사람들에게 하나님을 소개할 때 그들이 사용하는 최고의 원리, 진리, 이성, 생명 등을 고려하여 하나님을 그렇게 표현했던 것입니다. 하나님의 말씀은 너무나 정확하고 완전한 것임을 입증하고자 합니다.

1985년 타이타닉 호를 발견해 세계적인 명성을 얻은 해저 탐사가 미 해양탐사연구소(IFE) 로버트 발라드(Robert Ballad, 1942~) 소장은 1999년 흑해 탐사에 나섰습니다. 이후 흑해 탐사는 IFE를 중심으로 일원화됐습니다. 이후 미국지리학회 등 미국 내 주요 해양 전문가들을 비롯해 터키와 불가리아,

---

10) 창세기 1:1의 태초는 '우주 만물의 시작'이다.

루마니아 등 흑해 주변국 과학자들도 IFE와 손을 잡고 탐사에 나섰습니다.

첫 탐사 도중 IFE는 바다 밑 170 m 지점에서 민물 서식종 조개들을 발견했습니다. 탄소 동위원소 분석 결과, 조개는 7,500년 이상 된 것들로 최고령은 1만5,500년까지 거슬러 올라갔습니다. 즉 7,500여 년 전만 해도 이 조개가 살던 물은 민물이었지만 홍수와 같은 과정을 거쳐 갑작스럽게 바다가 됐다는 것이 입증된 것입니다.

2,000년 터키 해안 탐사는 흑해 탐사 사상 가장 수확이 많았던 해로 기록됩니다. 탐사팀이 해저 320 m 지점에서 발견한 고대 선박은 전 세계 고고학계를 놀라게 했습니다. 1,500년 전 비잔틴 시대 범선으로 추정되는 이 배는 땅속에 묻힌 부분을 제외하고 전혀 상한 곳이 없이 완벽한 모습으로 나타나면서 홍수 이론에서 제기된 흑해의 비산소층 존재를 처음으로 확인시켜 줬습니다. 이 발견은 미국의 권위 있는 과학전문지 《사이언티픽 아메리칸(Scientific American)》이 수여하는 '2,000년 위대한 고고학적 발견상'을 받았습니다.

바다 밑 100 m 지점에서는 '사이트 82'로 불리는 인간 거주지 추정 지역이 발견됐습니다. 가로 10 m, 세로 12 m의 직사각형 돌이 발견된 것입니다. 너무나 인공(人工)적인 모양의 이 돌은 흑해 연안 지역에서 발견되는 신석기시대 거주지와 유사한 형태로 석기와 도자기 조각 등도 함께 발견됐습니다. 대홍수 같은 자연재해가 아니고서야 거주지가 통째로 물속에 잠기는 것은 불가능한 일입니다. 탐사팀은 중요한 '홍수의 증거'를 또 하나 추가했다고 자평했습니다. 조그마한 민물이었던 곳이 홍수의 격변으로 바닷물로 변하고, 그 과정에서 그 거주지가 물속에 잠기게 되고, 바닷물로 바뀐 것은 홍수의 놀라운 증거인 것입니다.

최근에 고대 역사를 연구한 데이비드 롤(David Rohl)의 『문명의 기원(The Genesis of Civilization)』(한국에서는 『문명의 창세기』로 출간)과 피터 제임스(Peter

James)의 책 『암흑의 세기들(Centries of Darkness)』에 의하면 성경과 모순되는 것처럼 보이는 고대 초기 이집트의 역사의 일부가 조작·변개되었음을 보여주는 증거가 발견되고 있다고 하였습니다. 이러한 추세에 합류하여 영국 케임브리지 대학의 렌프류(Coli Renfrew) 교수는 "고고학의 시대 추정에 새로운 혁명이 진행 중에 있다. 역사는 다시 써져야만 할 것이다."라고 주장한 바 있습니다. 지금 고고학을 연구하는 학자들 간에는 불신자들까지도 성경을 토대로 연구하고 탐험해야만 성공할 확률이 가장 높다고 믿고 있다고 합니다.

호주 고고학연구소의 소장이었던 **윌슨(Clifford Wilson) 박사**는 "내가 아는 한 지금까지의 어느 고고학적 발견이 성경과 상반된 적이 없었다. 성경은 이 세상이 소유한 어떤 역사책보다도 가장 정확한 역사적 기록이다."라고 하였습니다. 한편 이스라엘 고고학의 가장 위대한 권위자 **넬슨 글루에크(Nelson Glueck) 박사**는 다음과 같은 말을 남겼습니다.

"사실 지금까지의 고고학적 발견이 성경과 일치하지 않았던 적은 단 한 번도 없었습니다. 지금까지 찾아낸 수십 가지의 고고학적 발굴들은 한결같이 성경의 역사 기록들이 개괄적으로나 세부적으로나 아주 정확하다는 것을 증거하고 있습니다. 게다가 성경의 내용을 자세히 연구함으로 인하여 종종 놀라운 고고학의 발견들이 이루어졌습니다."[11]

---

11) 김무현 저, 『성경적 세계관 세우기』(말씀과 만남사, 2004), pp.115-116.

여리고 성 멸망의 증거[12]

여호수아 6장 26절에는 여리고 성에 대한 예언이 선포되었으며, 열왕기상 16장 34절에는 이 예언이 정확하게 이루어졌음이 기록되어 있습니다.

"여호수아가 그때에 맹세하게 하여 이르되 누구든지 일어나서 이 여리고 성을 건축하는 자는 여호와 앞에서 저주를 받을 것이라 그 기초를 쌓을 때에 그의 맏아들을 잃을 것이요 그 문을 세울 때에 그의 막내아들을 잃으리라 하였더라(수 6:26)."

"그 시대에 벧엘 사람 히엘이 여리고를 건축하였는데 그가 그 터를 쌓을 때에 맏아들 아비람을 잃었고 그 성문을 세울 때에 막내 아들 스굽을 잃었으니 여호와께서 눈의 아들 여호수아를 통하여 하신 말씀과 같이 되었더라(왕상 16:34)."

여호수아 6장 26절에 여리고 성 정복 후에 하나님께서 여호수아를 통하여 강력하게 선포하십니다.

아합 시대 벧엘 사람 히엘이 그 예언에 불순종하여(왕상 16:34) 여리고 성을 다시 건축하려다가 여호수아서의 저주의 예언대로 정확히 첫째 아들과

---

12) 김무현 저, 『성경적 세계관 세우기』(말씀과 만남사, 2004), p.227.

막내 아들을 잃었습니다. 그러면 왜 하나님께서는 여리고 성을 다시 건축하는 것에 대해서 강력하게 경고하시고 심한 처벌을 주셨을까요? 여리고 성의 유적과 폐허는 하나님의 승리와 심판에 대한 분명한 증거로서 후대에 남겨 놓으시기를 원하셨기 때문일 것입니다. 하나님의 이러한 심정은 여호수아 4장 6-7절에서도 볼 수 있습니다.

"이것이 너희 중에 표징이 되리라 후일에 너희의 자손들이 물어 이르되 이 돌들은 무슨 뜻이냐 하거든 그들에게 이르기를 요단 물이 여호와의 언약궤 앞에서 끊어졌나니 곧 언약궤가 요단을 건널 때에 요단 물이 끊어졌으므로 이 돌들이 이스라엘 자손에게 영원히 기념이 되리라 하라 하니라(수 4:6-7)."

얼마 전 소위 기독교인이라고 자처하는 한 비교종교학자가 썼다는 『예수는 없다』라는 책이 불타나게 팔렸습니다. 성경의 영감을 부인하며 인본주의적 관점에서 비평한 책으로써, "창조나 노아의 방주나 아브라함이나 여리고 성과 같은 내용이 들어 있는 구약성경은 신화에 불과하며, 만일 선하신 신이라면 구원을 여러 다른 길로 베푸실 것이지 성경대로 오직 예수를 통한 구원으로만 한정지을 리가 없다."는 식의 내용을 기록하고 있다고 합니다. 많은 청년들이 이 책을 보면서 신앙이 흔들리며 갈등하고 고민하는 것 같습니다.

"너희가 사람의 미혹을 받지 않도록 주의하라(마 24:4)."

만일 그런 분들이 있다면 이 책을 통하여 자신감을 회복하시기 바랍니다. 성경은 확실한 하나님의 계시입니다. 그러한 책들은 대부분 일부 근거가 희박한 사실을 원하는 목적대로 그럴듯한 논리체계로 부풀려서 인본주의적 관점으로 해석하여 잘못된 그것이 마치 진리인 것처럼 사람을 기만하는 것입니다.

성서고고학의 대가 넬슨 글루에크(Nelson Gluek) 박사는 "성서의 기록이 고고학적 발굴에 있어서 확실히 부정된 적은 한 번도 없으며 오히려 그러한 발견들은 성경이 역사적으로 정확히 기록되었다는 것을 증명할 뿐이다."라고 천명하였습니다.

다음은 예일대학 고고학자 버로우스(Millar Burrows) 박사의 고백입니다.

"자유신학자들의 성경에 대한 과도한 의심은 그에 관한 데이터를 섬세하게 분석하여 유추된 것이 아니라 사전에 이미 초월자를 전격적으로 배격하는 특성에서 비롯된 것입니다.…그럼에도 불구하고 전체적으로 고고학의 발견들은 성경의 역사적 기록들이 신뢰할 만한 것임을 더욱 강하게 보여 주는, 즉 세속학자들이나 자유신학자들은 애초에 전능하신 하나님이란 없다는 신념 하에서 모든 것을 조사하고 결론짓기 때문에 과연 그러한 편견을 신뢰할 수 있겠느냐 하는 것입니다. 하지만 그러한 안티(anti)적인 비평에도 불구하고 고고학적 발견들은 성경의 신뢰성을 더욱 강하게 해줄 뿐입니다."

여리고 성의 고고학적 발견도 예외는 아닙니다. 1999년 《Creation Ex Nihilo Journal》에 실린 성서고고학의 대가 브라이언트 우드(Bryant Wood) 박사의 논문에 의하면, 여리고 성의 고고학적 발굴들이 성경의 내용을 정확히 뒷받침하고 있다는 것입니다. 그 논문은 1990년대 초기와 중기에 독일과 영국의 탐사팀 그리고 최근(1997년) 이탈리아 탐사팀에 의해 밝혀진 여리고 성 유적의 발굴에 관한 보고서를 분석한 내용에 근거한 것입니다.

그 연구 결과에 의하면 여리고 성은 외벽과 내벽 두 겹으로 되어 있으며, 외벽은 5 m 정도 높이의 기초 성벽 위에 두께 2 m, 높이 7 m의 진흙 벽돌벽을 세웠으며, 내벽은 지상으로부터 높이가 14 m 정도 되는 둑 위에 다시 솟아오른 내성벽의 구조로 되어 있었다는 것이 밝혀졌습니다. 즉 난공불락(難攻不落)의 구조를 가진 이중벽의 성으로서 양식만 풍부하다면 몇 년이고 버틸 수 있는 성이었습니다.

여호수아 3장 15절은 이스라엘 백성이 여리고 성에 도달한 시기가 추수가 거의 끝나 그 성 안에 양식이 풍부한 때였음을 보여 줍니다. 놀랍게도 고고학자들에 의해 실제로 발굴된 여러 항아리들 속에는 성경이 말한 대로 곡식이 가득 들어 있었음이 밝혀졌습니다. 그러면 과연 그렇게 양식이 풍부했던 난공불락의 성이 어떻게 그리 쉽게 함락되었을까요?

여호수아 6장 20절에 보면 "이에 백성은 외치고 제사장들은 나팔을 불매 백성이 나팔 소리를 들을 때에 크게 소리 질러 외치니 성벽이 무너져 내린지라 백성이 각기 앞으로 나아가 그 성에 들어가서 그 성을 점령하고"라고 되어 있습니다. 성경을 비평하기를 좋아하는 사람들은 소리 에너지는 극히 미약하기 때문에 그러한 기사는 과학적으로 말도 안 되는 지어낸 이야기라고 우깁니다. 하지만 독일과 영국의 발굴팀(성경학자들이 아닌 세속학자들)은 한결같이 강력한 지진 운동의 확실한 흔적들이 있다고 보고하였습니다. 하나님께서 땅을 흔들어 벽을 무너뜨렸다는 것입니다.

혹자는 그렇다면 지진이 우연한 자연현상으로 일어날 수도 있지 않겠냐고 되묻겠지만, 그와 같이 정확한 장소에 그리고 그렇게 정확한 시각에(온 이스라엘 백성이 합하여 소리칠 때) 땅을 흔드실 분은 창조주 하나님밖에 없습니다. 그것이야말로 기적 중의 기적인 것입니다.

위의 "무너져 내린지라(fell down flat)."는 히브리 원어로는 "그 아래로 무너진지라(fell beneath itself)."의 뜻에 더 가깝습니다. 여기서 한 가지 특이한 것은 외성벽이 수직으로 솟아 있는 그 밑의 기초 성벽 바깥으로 무너졌다는 것입니다. 거의 대부분의 성들은 바깥에서 사다리를 걸쳐놓고 밀고 들어오는 침입자들에 의해 안쪽으로 무너진다는 것입니다. 이렇게 안쪽으로 무너지면 그 무너진 돌들을 밟고 내려가 그 성을 정복하게 되어 있습니다. 그런데 이스라엘 백성들은 그 당시 성을 함락할 만한 사다리도 갖추지 못했을 것입니다. 만약 외성벽이 안쪽으로 무너졌다면 5 m나 되는 수직 기초 성벽을 올라갈 방도가 없었을 것입니다. 발굴팀의 조사에 의하면 여리고 성은 특이하게도 기초 성벽 위의 진흙 벽돌들이 모두 그 아래의 기초 성벽 바깥쪽으로 무너져 내렸다고 합니다. 그리하여 그 무너져 내린 진흙 벽돌들이 완만한 경사면과 같은 역할을 하여 이스라엘 백성들이 그것을 계단처럼 쉽게 밟고 올라가 그 성을 정복할 수 있었다는 것입니다.

성경은 이 사실도 정확히 묘사하고 있습니다. 여호수아 6장 5절에 보면 "그리하면 그 성벽이 무너져 내리리니 백성은 각기 앞으로 올라갈지니라 하시매"라고 되어 있고, 6장 20절에도 "크게 소리 질러 외치니 성벽이 무너져 내린지라 백성이 각기 앞으로 나아가 그 성에 들어가서 그 성을 점령하고"라고 증거합니다.

더욱 놀라운 것은 독일 발굴팀의 보고서에 의하면, 북방의 외벽에는 집들이 그 벽에 붙어 지어져 있었는데 오직 한 부분만이 무너져 내리지 않았다는 것입니다. 성경에는 라합의 집이 외성벽에 붙어 지어져 있었으며 여리고 성을 정복할 때 라합의 가족들은 집 속에 들어가 살아 남았다고 되어 있습니다(수 6:22). 아마 그것이 라합이 살던 곳이 아닐까 추측됩니다.

또한 여호수아 6장 24절에 보면 "무리가 그 성과 그 가운데에 있는 모든 것을 불로 사르고"라고 되어 있습니다. 발굴팀에 의하면 땅을 파고들어 가면 1 m 정도의 두께나 되는 탄 재와 그 흔적들이 나오는 층이 나타난다고 합니다. 가장 특이한 사실은 그 탄 것들 중에 곡식이 가득 담긴 저장 항아리들이 많이 발견되는데 가나안 전쟁을 계속 치러야 할 이스라엘 백성들이 이렇게 중요한 군량미를 다 태워 없애버렸다는 것은 참으로 이상한 일이고 비상식적일 수 없습니다. 성경에는 이에 대한 해답이 정확히 나와 있습니다.

"이 성과 그 가운데에 있는 모든 것은 여호와께 온전히 바치되…너희는 온전히 바치고 그 바친 것 중에서 어떤 것이든지 취하여 너희가 이스라엘 진영으로 바치는 것이 되게 하여 고통을 당하게 되지 아니하도록 오직 너희는 그 바친 물건에 손대지 말라(수 6:17-18)."

즉 여리고 성의 승리는 이스라엘 백성들의 힘으로 된 것이 아니라 100% 하나님께서 하셨고, 그에 대한 믿음의 표현으로(우리가 취한 것 모두가 하나님께 속한 것이지 우리의 것이 아니다.) 모든 것을 불태워버리라는 것입니다. 이와

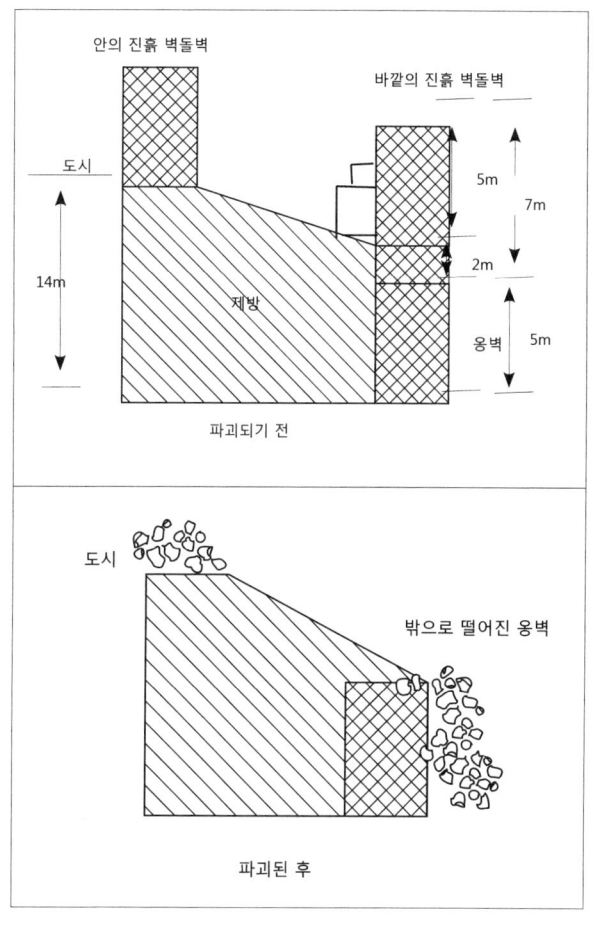

안의 진흙 벽돌벽

바깥의 진흙 벽돌벽

도시

5m

7m

14m

제방

2m

옹벽

5m

파괴되기 전

도시

밖으로 떨어진 옹벽

파괴된 후

여리고 성의 구조

같은 전쟁을 '호르마 전쟁'이라고 합니다.

"이 전쟁은 너희에게 속한 것이 아니요 하나님께 속한 것이니라(대하 20:15)."

그와 같이 항아리에 가득 담긴 채 남아 있는 탄 곡식의 유적은 성경이 모두 역사적 사실대로 기록된 것임을 다시 한 번 확인시켜 줍니다. 하나님께서는 이와 같은 역사적 기록들을 분명히 후세에 남겨 놓고 싶으셨습니다. 그리하여 여리고 성을 다시 건축하지 말라는 강력한 경고의 예언을 하

셨던 것입니다.[13]

성경에 나오는 도시, 나라, 인물, 사건들의 실존 사실을 25,000여 곳이 넘는 발굴지역들이 입증하고 있습니다. 여리고 성 멸망이 마치 신화에 나오는 이야기처럼 꾸민 것으로 생각하기 쉬우나 성경의 기록을 믿고 발굴하거나 자세히 연구해 보면 너무나 확실하다는 것을 알 수 있습니다.

수많은 핍박과 비평 속에서도 성경은 보존되어 왔습니다. 우리는 말씀을 믿고 분별하는 자세를 통해서 놀라우신 말씀의 비밀을 깨우치고 증거할 수 있어야 하겠습니다.

"너는 내게 부르짖으라 내가 네게 응답하겠고 네가 알지 못하는 크고 은밀한 일을 네게 보이리라(렘 33:3)."

기록으로 보면 지진은 그 당시 50여 회, 20세기에는 500여 회, 21세기에 들어와서는 2만7천여 회나 발생했습니다. 이것은 점점 퇴보한다는 열역학 제2법칙에 들어맞는 것으로써 지구 축이 흔들리기 시작하는 것을 의미합니다.

"그는 북쪽을 허공에 펴시며 땅을 아무것도 없는 곳에 매다시며(욥 26:7)"

'펴다'라는 말은 히브리어로 '나타(기울이다)'입니다. 지구가 23.5도 기울어져 돌기 때문에 사계절이 생기는 등 생물체의 안전과 생존을 위해 가장 이상적입니다. 만약 점점 지구의 기능이 떨어진다면 어떻게 될 것인가를 짐작할 수 있습니다.

"그가 하늘을 지으시며 궁창을 해면에 두르실 때에 내가 거기 있었고(잠 8:27)"

"그는 땅 위 궁창에 앉으시나니 땅에 사는 사람들은 메뚜기 같으니라 그가 하늘을 차일같이 펴셨으며 거주할 천막 같이 치셨고(사 40:22)"

"이스라엘에 관한 여호와의 경고의 말씀이라 여호와 곧 하늘을 펴시며 땅의 터를 세우시며 사람 안에 심령을 지으신 이가 이르시되(슥 12:1)"

---

13) 김무현 저, 『성경적 세계관 세우기』(말씀과 만남사, 2004), p.227.

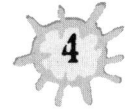

물이 포도주로 변한 기적은 가능할까요?

광합성의 원리(탄소동화작용)는 정말 놀랍습니다. 나뭇잎을 현미경으로 보면 하나의 큰 공장과 같아서 어떤 이는 나뭇잎을 설탕공장이라고 하기도 합니다. 촘촘한 울타리 조직에 햇빛이 비치면 세포 속에 있는 엽록소가 물과 탄산가스를 당분과 산소로 바꿉니다. 물과 태양과 이산화탄소가 본래의 성질과는 다른 녹말을 만들며, 이때 이산화탄소(CO_2)는 화학적 변화를 일으켜 산소(O_2)로 바뀌어 공기 속으로 나갑니다. 그래서 햇빛이 비칠 때 숲속에 가면 기분이 상쾌해집니다. 식물은 태양빛을 받아 광합성 작용으로 양분을 만들어서 자신이 생명을 유지하고 다른 모든 동물들과 인간에게 그 양분을 공급해 주고 있는 것입니다.

신약성경 요한복음 2장에는 '물이 포도주로 변한 기적'이 나옵니다. 영국 옥스퍼드 대학교 종교학 시험에 '물이 포도주가 된 기적'을 설명하라는 문제가 출제되었답니다. 맨 마지막까지 앉아 고심하며 문제를 풀어간 학생은 그 답을 이렇게 썼습니다. "물이 주인을 보자 얼굴이 빨개졌다."

이 학생이 후에 영국의 위대한 시인이 된 바이런(George Gordon Byron, 1788-1824)입니다.

16세기 이름을 알 수 없는 한 작가는 성찬식 때 이렇게 노래했다고 합니다.

"겸손한 물은 신을 보고 얼굴을 붉혔다."

과학자들이 밝힌 광합성 작용을 믿는다면 피조물인 물이 그 주인인 창조주 예수를 보자마자 그 속에서 감동이 일어나면서 그 얼굴(물 표면)까지 새빨갛게 변하지 않겠습니까?

"항아리에 물을 채우라.…그 물을 이제는 떠서 연회장에게 갖다 주라(요 2:7-10)."

구약성경 시편 77편 16절은 다음과 같이 분명히 고백하고 있습니다.

"하나님이여 물들이 주를 보았나이다 물들이 주를 보고 두려워하며(1) 깊음도 진동하였고(2)"

(1)은 "물들이 창조주를 보자 몸부림치며(두려워하다 : 히브리어 '훌'은 춤추다)"이고, (2)는 "바로 그 속 깊은 데서는 크게 소용돌이쳤습니다."입니다

"The waters saw you, O God, the waters saw you and writhed; the very depths were convulsed(Psalms 77:16)"
"and the master of the banquet tasted the water that had been turned into wine(John 2:9)"

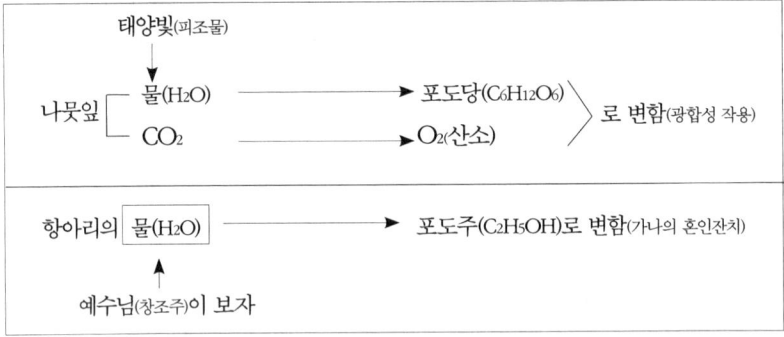

물에게 좋은 말을 하거나 좋은 마음을 품고 보거나 좋은 생각을 하며 보거나 축복하면 그 물은 '칠각형의 결정체(7각수)'가 되었다고 한 것은 이미 알고 있는 것입니다(세계적인 물 박사 에모토 마사루).

성경의 증거는 믿을 만한가요?

(1) 계속성 및 통일성

① 성경은 약 1,600년에 걸쳐 40여 명의 각기 다른 저자들에 의해, 아시아, 아프리카, 유럽 세 개 대륙에서 아람어, 히브리어, 헬라어 등 세 개의 언어로 쓰였습니다.

② 저자들의 직업 또한 다양합니다.

모세 : 정치가　　아모스 : 목자　　다니엘 : 총리　　베드로 : 어부

누가 : 의사　　마태 : 세금징수원　　여호수아 : 군대장관

바울 : 당대 최고 학부를 나온 랍비　　느헤미야 : 왕의 술을 맡은 관원

③ 글을 쓴 장소도 각기 달랐습니다. 모세는 광야, 다니엘은 언덕과 궁전, 바울은 감옥, 누가는 여행 중, 요한은 밧모 섬, 또 다른 많은 사람들은 엄격한 군대생활 중에 기록했습니다.

(2) 고고학

25,000곳이 넘는 발굴지역들이 성경에 나오는 도시, 나라, 인물, 사건들의 실존사실을 입증하였습니다.

(3) 과학

현대과학은 성경의 내용 중 과학적인 오류를 한 번도 입증한 적이 없습니다. 오히려 성경 속의 과학성과 그 사건의 증거들을 드러내고 있습니다.

(4) 유대인에 대한 예언 성취

이스라엘들이 하나님을 거절함으로 온 세계에 흩어질 것이라고 예언했습니다(렘 15:4, 슥 13:7). 성경의 예언대로 현재 유대인들은 온 세계에 흩어져 있습니다. 또한 극렬한 핍박과 고난을 당하였으나 언젠가 자기 땅으로 돌아와 자기 나라를 세울 것이라고 하였습니다.

(5) 예수 그리스도에 대한 예언 성취

예수 그리스도의 탄생, 오신 목적, 삶, 죽으심의 모양, 사역, 부활 등에 대한 예언과 그에 대한 성취의 내용이 기록되어 있습니다.

(6) 변화된 삶의 기적들(고후 5:17)

그리스도를 영접한 많은 사람들의 삶이 바뀌었습니다. 베드로 등 예수님의 많은 제자들과 오늘날의 많은 그리스도인들의 삶이 바뀌었습니다.

(7) 성경의 보존성

수많은 비평 속에서도 성경은 보존되어 왔습니다. 정치가는 정치가대로, 과학자는 과학자대로 성경의 진위에 대한 의심을 갖고 조사해 본 사람들이 수없이 많으나 아직 성경 속의 어떤 사건, 어떤 기록도 잘못되었음이 밝혀진 것은 하나도 없습니다. 만약 성경이 하나님의 말씀이 아니었다면 오래전에 이미 말살되었을 것입니다. 성경을 말살하려 했던 황제와 왕들과 통치자들은 역사에서 사라졌지만 성경은 여전히 남아 있습니다.

성경에서의 **열역학 제1법칙**과 **제2법칙**

(1) 열역학 제1법칙(에너지 보존 법칙)

열역학 제1법칙은 흔히 에너지 보존 법칙으로 알려져 있습니다. 이 법칙은 에너지는 한 형태에서 다른 형태로 변할 수는 있어도 창조되거나 소멸될 수 없다는 것입니다. 즉 에너지는 그 자체의 형태는 변화될 수 있지만 우주 안의 에너지의 총량은 항상 일정하다는 물리학의 법칙입니다. 즉 자연계의 에너지는 스스로 생성되거나 소멸하지 않으며 항상 그 총량은 불변하다는 것입니다. 이 법칙은 우주는 자연발생적으로 스스로 생겨나지 않았으며 오히려 창조되었음을 보여 주는 것입니다.

에너지의 형태는 열, 빛, 힘, 물질로 서로 전환될 수 있는데 이는 아인슈타인이 'E=mc²' 공식을 발견함으로써 확인되었습니다. 이 공식은 질량(물질)도 에너지의 한 형태로서 '질량-에너지의 등가성'을 잘 보여 줍니다. 즉 에너지(E)는 질량(M)에 빛의 속도(C)를 제곱한 수치와 같다는 것입니다.

예를 들어, 장작개비를 태우면 열과 빛을 내면서 타 없어집니다. 그러나 그러한 에너지는 하늘로 올라가 구름 속에 흡수되었다가 지표에 흡수되며 일부는 식물의 뿌리를 타고서 잎으로 올라가 과일을 만드는 데 이용됩니다.

그리고 과일은 동물과 사람에게 섭취되어 몸속에서 체온으로 바뀝니다. 이처럼 에너지는 물질로, 물질은 다시 에너지가 되어 우주 안에서 돌고 도는 것이며 생성도 소멸도 되지 않고 총량은 항상 일정합니다. 그렇다면 '이 최초의 물질은 과연 어디에서 왔을까?'라는 문제에 부딪치게 되는데 이에 대하여 진화론자들은 입을 굳게 다물고 있습니다.

하지만 성경에는 창조주 하나님께서 창조하셨다고 하였습니다. 그러므로 이 법칙은 우주와 그 안의 모든 에너지는 처음에 창조주에 의해 창조되고 창조주에 의해 보존되고 있음을 분명하게 증거하는 것입니다. 이 법칙은 근본적으로 완전하고 지금은 하나님의 힘으로 유지되는 모든 창조를 말합니다. 이 법칙에 관한 성경 기록은 아래와 같습니다.

"천지와 만물이 다 이루어지니라 하나님이 그가 하시던 일을 일곱째 날에 마치시니 그가 하시던 모든 일을 일곱째 날에 안식하시니라(창 2:1-2)."

"이는 엿새 동안에 나 여호와가 하늘과 땅과 바다와 그 가운데 모든 것을 만들고 일곱째 날에 쉬었음이라 그러므로 나 여호와가 안식일을 복되게 하여 그 날을 거룩하게 하였느니라(출 20:11)."

하나님께서 창조하시던 일을 마쳤다는 것은 더 이상 에너지가 창조될 수 없다는 뜻이며 또한 에너지가 소멸될 수 없는 이유는 하나님께서 능력의 말씀으로 만물을 붙들고 계시기 때문입니다(히 1:3).

하나님께서 창조하신 것을 보존하신다는 구절들은 성경에 아래와 같이 나타나 있습니다.

"오직 주는 여호와시라 하늘과 하늘들의 하늘과 일월성신과 땅과 땅위의 만물과 바다와 그 가운데 모든 것을 지으시고 다 보존 하시오니 모든 천

군이 주께 경배하나이다(느 9:6)."

"이는 하나님의 영광의 광채시요 그 본체의 형상이시라 그의 능력의 말씀으로 만물을 붙드시며 죄를 정결하게 하는 일을 하시고(히 1:3)."

"이제 하늘과 땅은 그 동일한 말씀으로 불사르기 위하여 보호하신 바 되어 경건하지 아니한 사람들의 심판과 멸망의 날까지 보존하여 두신 것이니라(벧후 3:7)."

그러나 이 법칙이 발견된 지는 오래되지 않았습니다. 1840년대에 독일의 의사이며 물리학자인 마이어(Julius Robert von Mayer, 1814-1878)는 운동에서 열로, 열에서 운동으로 바뀌는 에너지의 형태 변화를 연구하여 1841년에 《힘의 양적, 질적 규정에 관하여》라는 논문을 쓰고 이듬해에는 《무생물계에서의 힘의 고찰》에서 열과 일의 양과의 관계를 밝히며 에너지는 모양이 여러 형태로 변하여도 그 양은 줄거나 늘지 않는다는 사실을 알아냈습니다.

그후 1847년 베를린 물리학회에서 《힘의 보존에 대하여》라는 주제로 강연을 하게 된 독일의 생리학자이며 물리학자인 헬름 홀츠(Hermann von Helmholt, 1825-1894)가 에너지 보존 법칙이 물리학 분야와 열역학 분야뿐만 아니라 자연과학 전체에 적용되는 근본 법칙임을 밝혔습니다.

그후 독일의 이론 물리학자인 클라우지우스(Rudolf (Julius Emanuel) Clausius, 1822-1888)는 1850년 마이어의 주장을 더욱 발전시켜 '증기기관과 같이 독립된 계통에서는 총 에너지 양이 항상 일정하다'라는 에너지 보존법칙(열역학 제1법칙)을 최초로 공식화했습니다.

에너지에는 여러 종류가 있는데 그들은 서로 전환될 수는 있습니다. 하지만 그 종류와 시간의 경과에 관계없이 에너지의 총합은 언제나 일정하게 유지되어 있습니다. 이 법칙은 에너지가 무(無)에서 스스로 생기거나 또 소멸하거나 하지 않는다는 것을 뜻합니다. 자연계에 있어서 가장 중요한 이 법칙은 우주 저쪽의 별에서의 현상에서 원자와 같은 극소한 세계의 현상까지 모두에 걸쳐 성립하고 있습니다.

현재 새 에너지가 계속 창조되지 않는 이유는 하나님께서 완벽하게 창조하셨기 때문입니다(창세기 2:2 "하나님이 그가 하시던 일을 일곱째 날에 마치시니").

(2) 열역학 제2법칙(에너지 소멸 법칙)

열역학 제1법칙이 에너지의 양적인 보존을 다룬 것이라면 제2법칙은 에너지의 질적인 쇠퇴 현상, 즉 엔트로피(Entropy, 에너지의 변화)증가의 법칙으로 우주 안의 에너지는 시간의 흐름에 따라 무질서도가 날로 증가하는 방향으로 나아간다는 법칙입니다. 이 법칙은 에너지 소멸 법칙으로도 알려져 있는데 모든 시스템은 그대로 방치해 두면 시간이 흐를수록 질서에서 무질서로 옮겨 가려는 경향이 있다는 것입니다. 이 법칙은 인간의 죄가 초래한, 그리고 만물의 모든 퇴화의 원인이 된, 부패와 죽음의 저주를 말합니다. 성경은 이미 열역학 제2법칙을 여러 구절에서 언급하고 있습니다.

"천지는 없어지려니와 주는 영존하시겠고 그것들은 다 옷이 낡으리니 의복 같이 바꾸시면 바뀌려니와 주는 한결같으시고 주의 연대는 무궁하리이다(시 102:26)."

"너희는 하늘로 눈을 들며 그 아래의 땅을 살피라 하늘이 연기같이 사라지고 땅이 옷같이 해어지며 거기에 사는 자들이 하루살이같이 죽으려니와 나의 구원은 영원히 있고 나의 공의는 폐하여지지 아니하리라(사 51:6)."

"천지는 없어질지언정 내 말은 없어지지 아니하리라(마 24:35)."

"모든 육체는 풀이요 그의 모든 아름다움은 들의 꽃과 같으니 풀은 마르고 꽃이 시듦은 여호와의 기운이 그 위에 붊이라 이 백성은 실로 풀이로다 풀은 마르고 꽃은 시드나 우리 하나님의 말씀은 영원히 서리라 하라(사 40:6-8)."

열역학 법칙에서만 보아도 진화론이 틀린 이론이고 창조론이 진리임이 분명하게 드러납니다. 즉 진화론에 의하면 우주 안의 에너지의 총량이 항상 일정할 수 없는 것입니다. 많았다가 적었다가 아주 없어졌다가 할 것이고 그러면 이 우주 안의 질서는 다 파괴되고 인간을 포함하여 모든 생명체는 생존이 불가능할 것입니다. 이 땅의 모든 생명체는 에너지를 사용하여 살아가는 존재이므로 에너지의 공급이 일정하지 않으면 파멸에 이르고 말 것입니다. 또한 이 세상에서 되어지는 모든 것을 살펴보면 시간이 지남에 따라 점점 진화하고 발전하는 것이 아니라 시간이 흐를수록 퇴보하고 낡아지고 못쓰게 되는 것을 볼 수 있습니다. 그런데 진화론에서는 시간이 지나면 지날수록 더 발전하고 좋아진다고 하니 사실과는 정반대의 주장입니다.

열역학 제2법칙은 우주에는 시작이 있었음을 증명하며 동시에 열역학 제1법칙은 우주는 스스로 시작될 수 없음을 보여 주고 있습니다. 열역학 법칙의 차원에서만 보아도 창조주 하나님의 창조를 분명하게 알 수 있습니다.

'소멸 법칙'은 에덴에 대한 저주의 관점에서 볼 때 성경과 일치합니다.

로마서 8장 22절에서는 "피조물이 다 탄식하며 함께 고통을 겪고 있는 것을…"이라고 말합니다. 이것은 하나님께서 "심히 좋았더라."라고 하신 창조의 근본 목적과는 상반됩니다. 오늘날처럼 죽음과 파괴가 팽배하게 할 의도는 창조 때에는 분명히 없었습니다. 요한계시록 22장 3절에서와 같이 영원한 왕국에서는 죽음과 파괴의 질서가 사라질 것입니다.

창세기 3장 17절에 기록된 인간의 죄의 결과는 아담을 창조하는 데 사용된 흙을 포함하여 물질 창조의 기본 원소인 흙(땅)에도 영향을 주었습니다. 이 열역학 제2법칙은 그때 시작되었습니다.

그 이전에는 더 높은 법칙인 완전보존의 법칙이 작용했음이 틀림없습니다. 그러한 초자연적인 보존은 이스라엘 민족의 40년 광야생활 동안에 적어도 부분적으로나마 작용했습니다.

"사십 년 동안 들에서 기르시되 부족함이 없게 하시므로 그 옷이 해어지지 아니하였고 발이 부르트지 아니하였사오며(느 9:21)"

성경은 열역학 제2법칙이 영원하지 않음을 분명히 합니다. 부패의 저주가 영원하지는 않음을 창조주 자신이 약속하셨습니다.

"···피조물도 썩어짐의 종노릇한 데서 해방되어···(롬 8:21)"
"다시 저주가 없으며···(계 22:3)"
"내가 진실로···(요 12:24)"

이는 자연법칙을 의미하며 창조질서, 즉 생로병사는 열역학 제2법칙을 뜻하며 부활은 이 법칙에 새로운 생명이 일어남을 의미합니다.

열역학 제2법칙은 모든 피조물이 어느 때엔가 시작이 있었음을 증명합니다. 그렇지 않으면 지금까지 죽어 있었을 것이기 때문입니다. 열역학 제1법칙은 자연에는 창조 과정이 없기 때문에 존재하는 만물이 고안자에 의하여 창조되었음을 증명합니다.

시간과 공간과 물질, 그리고 에너지의 창조
(창세기 1장 1, 3절)

"네가 하늘의 궤도를 아느냐…(욥 38:33a)"

"나 여호와가 밤과 낮의 질서와 우주의 법칙을 만들었노라(렘 33:25, 현대인의 성경)."

"여호와께서 이와 같이 말씀하시니라 내가 주야와 맺은 언약이 없다든지 천지의 법칙을 내가 정하지 아니하였다면(렘 33:25, 개역개정)"

"네가(욥) 하늘의 궤도를 아느냐"는 하나님이 욥에게 묻는 내용입니다. 위의 하늘의 궤도, 우주의 법칙, 천지의 법칙으로 번역한 히브리어 '후코트'는 'the statutes of nature(천지의 법칙, 즉 천지(창조)의 법칙(과학))'입니다(초과학 법칙). "욥아, 너는 내가 천지를 창조한 천지의 법칙(초과학 법칙)을 아니?" 이 물음에 대한 욥의 대답은 "회개하나이다(욥 42:1-6)."입니다.

(1) 창세기 1장 1절의 비밀

"태초에 하나님이 천지를 창조하시니라(창 1:1)."

성경의 맨 처음 책인 창세기의 첫 장 첫 절에는 과학의 3요소(시간, 공간,

물질)가 들어 있습니다. 그런데 이 요소들은 인간이 만들어낼 수 없는 것이 므로 이 구절은 초과학임을 알 수 있습니다. 즉 '태초(히브리어 reshith : 시간)' 는 '시간 창조', '천(天, 히브리어 shamayim : 그 안에 물이 있었다, 하늘)'은 '공간 창 조', '지(地, 히브리어 erets : 지구, 땅, 흙, 티끌)'은 '물질 창조', '창조하다(히브리어 bara : 무(無)에서 유(有)를 창조하다)'에서 '바라(create)'는 'bring into existence out of nothing'입니다.

성경은 비과학적인 책이 아니라 초과학적인 책입니다. 과학자들은 흙도 만들어내지 못하지만 하나님은 온 우주를 아무것도 없는 데서 있는 것으로 창조하셨습니다. 이 천지의 법칙은 우리가 이성으로는 이해할 수 없는 신묘 막측한 법칙입니다.

(2) 창세기 1장 3절의 비밀

"하나님이 이르시되 빛이 있으라 하시니 빛이 있었고(창 1:3)"

여호와(하나님)는 히브리어 하야(haya, 이다, 있다, 되다, 일으키다)에서 온 것 으로 "빛이 있으라" 하면 "빛이 생겨라"라는 뜻으로 '보이지 않는 빛 에너지 (Energy)'는 히브리어 'orr'입니다(보이지 않는 빛의 근원).

빛은 단지 우리가 보는 좁은 범위의 색깔뿐만 아니라 전자기파 전체를 말합니다. 단파인 감마선에서부터 라디오파까지의 모든 에너지 형태가 포함 됩니다. 신기한 것은 이 우주 안의 모든 건축물은 공간과 물질과 에너지(보 이지 않는 빛 에너지)로 되어 있다는 것입니다. 이 구조가 창세기 1장 1절과 1 장 3절의 말씀으로 입증된 것은 놀라운 일입니다.

(3) 세상을 뒤바꾼 위대한 공식(E=mc²)

열역학 제1법칙(에너지보존 법칙) 이후 이를 수학적 공식으로 표현한 것은 20세기 초 **아인슈타인(Albert Einstein)**이 처음입니다. $E=mc^2$(E : 에너지, M : 질량(물질), C : 빛의 속도)는 E와 M은 서로 전환할 수 있는데 이 E와 M은 창세기 1장 1절과 1장 3절에서 확인하였습니다(Matter can be made from energy). 왜 이 공식을 위대한 공식이라고 할까요? 이에서 원자력발전과 원자탄이 가능했기 때문입니다.

1945년 8월 6일 이른 아침, 일본 **히로시마**에 **원자폭탄**이 투하되었습니다. 이때 100만분의 1초의 번뜩임 속에 은행 앞 의자에 앉아 은행문이 열리기를 기다리던 남자는 불에 타지 않고 완전히 녹아 나무의자 바닥에 자석 모양의 흔적을 남겼는데 그 사진이 히로시마 박물관에 진열되었다고 합니다.

성경말씀이 얼마나 정확한지는 신약성경 베드로후서 3장 10절을 보면 알 수 있습니다.

"그러나 주의 날이 도둑같이 오리니 그날에는 하늘이 큰소리로 떠나가고 물질이 뜨거운 불에 풀어지고…"

여기의 '물질'은 원소입니다. 헬라어 '스토이케이온'은 우리 몸을 구성하는 원소를 뜻하며, 주의 날(심판)에는 우리의 몸이 뜨거운 불에 녹음이 역사가 입증해 주고 있습니다.

(4) 수학적 분석으로 본 창세기 1장 1절과 3절의 비밀

"여호와의 율법은 완전하여 영혼을 소생시키며 여호와의 증거는 확실하여 우둔한 자를 지혜롭게 하며(시 19:7)"

히브리어 문자는 22개로 알파벳마다 숫자값이 있어 그 의미를 수학적으로 분석할 수 있습니다.

창세기 1장 1절(시간, 공간, 물질 창조)은 그 숫자값이 2701입니다. 이 수는 37×73이며 두 수 모두 '나눠지지 않는' 소수(prime number)로써 평범한 숫자가 아님을 알 수 있는데, 이 2701=37×73은 다윗의 별과 구약성경에 나오는 성막과도 깊은 관계가 있습니다. 이 숫자 속에 다윗의 별(이스라엘 국기)이 숨어 있기 때문입니다. 즉 다윗의 별 속에는 별이 13개, 더 큰 별이 37개, 이보다 더 큰 별이 73개가 있는데 이 13, 37, 73은 6각별 만드는 수(도형수)입니다.

창세기 1장 1절(시간, 공간, 물질 창조) : 2701=300×9+①

창세기 1장 1절(하늘과 땅) : 1801=300×6+①

놀라운 것은 이 숫자 1은 히브리어 '에하드'로서 숫자값이 13이므로 에하드(1, one)는 도형수인 주요한 수임을 눈치챌 수 있습니다.

(5) 지구의 자전과 둥근 지구와 및 지구의 기울기

창세기 1장에는 첫째 날부터 "저녁이 되며 아침이 되니"라는 말씀이 나옵니다. 이는 지구가 회전함으로 저녁이 아침이 됨을 암시하고 있습니다. 지구가 회전한다는 말은 욥기 38장 14절에서 확인할 수 있습니다. "땅이 변하여…"에서 '땅'은 '에레츠(지구)', '변하여'는 '하팍(돌다)'으로 지구가 돌고 있음을 분명히 언급하고 있습니다.

지구가 둥근 사실은 욥기 26장 10절 "수면에 경계를 그으시니…"에 언급하고 있습니다. '경계'는 '원을 그리다(히브리어로 호크 : circle)'로 지구가 둥글다는 것을 명확하게 언급하며, 욥기 26장 7절의 "그가 북쪽을 허공에 펴시며…"에서 '펴시며'는 '기울이시며(히브리어로 나타 : 기울이다)'로 하나님이 지구의 북쪽이 지구축에서 23.5도 기울인 채 팽이처럼 돌고 있는 기울인 지구를 분명히 하고 있습니다.

8

세인트 헬렌스 산의 격변(Mt. St. Helens)

미국 북서부 캐스케이트 산맥의 세인트 헬렌스 산은 숲과 호수의 고요함을 즐기기에 더없이 훌륭한 관광지였습니다. 123년 동안 활동을 쉬고 있던 이 산은 1980년 5월 18일의 분화로 인해 산머리가 통째로 날아가 버리고 말았습니다(400 m). 그 폭발음은 북쪽으로 320 km나 떨어진 캐나다의 벤쿠버에서도 들렸습니다. 산의 북쪽 비탈면은 거의 가루가 되어 주변의 숲에 쏟아져 내렸습니다. 뜨거운 화산재와 가스는 화성 쇄설류(화쇄류)가 되어 화산의 가파른 비탈을 타고 무시무시한 속도로 쏟아져 내리며 가는 길에 있는 모든 것을 태워버렸습니다.

폭발은 9시간이나 계속되면서 수백만 톤의 화산재를 22 km 높이까지 뿜어 올렸습니다. 이류(진흙의 흐름)가 재와 얼음, 뿌리 뽑힌 나무들과 섞여 계곡을 메꿔버렸습니다. 숲 가운데 엄청난 부분이 폭풍으로 쓸려갔고, 화산학자 데이비드 존스턴을 비롯해서 57명이 목숨을 잃었다고 합니다.[14]

화산 후에 지층이 30 m 높이의 계곡으로 변했는데 이를 일명 'Little Grand Canyon'이라고 합니다. 지질학자들은 지층이 30 cm 쌓이는 데 5,000년이 걸

---

14) 양승훈 저, 『창조론 대강좌』(경북기획, 1996).

린다고 봅니다. 그들의 이론에 따르면 이 지층은 30만 년 동안 쌓여야 하는 높이입니다. 그러나 이 지층은 단 세 번의 화산폭발로 이루어진 것으로 오래된 연대(동일과정설)는 맞지 않습니다.

이때의 폭발 규모는 히로시마 원자탄의 3만3천 배에 해당하는 위력이라고 합니다. 하지만 거기에 살던 동물들은 한 마리도 죽지 않았습니다. 이는 동물은 흙으로 만들어졌기 때문에 폭발 3일 전에 땅의 진동을 듣고 이미 피했기 때문입니다. 또한 그 지역의 원주민들은 오랜 경험으로 바람과 구름의 방향 및 동물의 움직임을 보고 대피하여 희생자가 없었습니다. 그러나 화산학자 등 57명이나 희생된 이유는 사람은 과학적 장비 없이는 지진이 일어나는 것을 알 수 없기 때문입니다.

카이스트 소재 동아리방의 임시 전시실의 전시품에는 다음과 같이 설명되어 있습니다.

. 세인트 헬렌스 산에 나타난 격변설의 다섯 증거

1980년 5월 18일에 폭발한 헬렌 화산(미국 북서부) 지역의 관찰 결과는 진화론을 지지하는 동일과정설을 부정하고 창조론을 지지하는 격변설을 뒷받침한다.

① 지층 형성 : 지층은 수백만 년 동안 천천히 형성되었다는 생각과 달리 3일만에 형성되었다.

② 협곡 형성 : 협곡은 수천 년에 걸쳐 이루어진다고 알고 있으나 3일만에도 형성되었다.

③ 지층목 형성 : 여러 지층을 관통한 나무화석 형성이 단기간에 이루어질 수 있다는 증거를 발견하였다.

④ 석탄 : 석탄과 유사한 토탄의 형성이 매우 빠른 방법으로 형성될 수 있는 증거를 관찰하였다.

⑤ 생태계의 복원 : 화산 폭발 지대의 생태계 회복이 매우 빠르게 진행됨을 관찰하였다.

우주 만물의 법칙을 이용하신 예들

"여호와께서 이와 같이 말씀하시니라 내가 주야와 맺은 언약이 없다든지 천지의 법칙을 내가 정하지 아니하였다면(렘 33:25)"

"네가 하늘의 궤도를 아느냐 하늘로 하여금 그 법칙을 땅에 베풀게 하겠느냐(욥 38:33)."

예레미야 33장 25절에서 '주야와 맺은 언약'은 낮과 밤의 질서를 말하고, '천지의 법칙'은 히브리어로 '자연법칙(후코트 : 하나님이 만드신 우주 만물의 법칙)'을 말합니다. 욥기 38장 33절에서는 친구들과 논쟁을 벌이는 욥에게 하나님이 직접 "네가 나의 창조법칙을 알고 있느냐?"라고 말씀하십니다.

(1) 기적의 예 : 자연을 통한 기도 응답

2차 세계대전 때 독일군의 공세로 35만 명의 영국군이 케르크 반도에서 포위돼 바람 앞의 등불처럼 위태로웠다. 그때 영국 국왕 조지 6세는 위기에 처한 영국군을 구원하기 위해 '기도의 날'을 선포했다. 각료들과 전 공무원, 그리고 회사원들은 각각 그들의 집무실에서, 농부와 공원들은 일터에서 하나님께서 간절히 기도했다. 영국군이 살 수 있는 유일한 길은 도버해협을 건너는 것이었다. 그런데 독일군의 총공격 개시 전날 밤에 독일군 주둔지에 강한 바람과 함께 폭우가 쏟아지기 시작했다. 독일군 탱크는 움직일 수 없었고 폭격기도 뜰 수 없었다. 그러나 케르크 반도와 도버해협 상공에는 별들이 반짝였다. 그날 밤 영국은 군함을 이용해 영국군 35만 명을 모두 도버해협으로 탈출시켰다. 합심기도에 대한 하나님의 응답이 대자연을 통해 나타난 것이다. 예수님은 간혹 이렇게 명령하신다. "바람아, 그치라. 파도야, 잔잔하라."고. 기도응답은 자연을 통해서도 나타난다.

(해오름 교회 최낙중 목사, 국민일보 06. 01. 20.)

이와 같이 아주 위급할 때 간절히 합심해서 간구하면 하나님께서는 즉시 응답하십니다. 우리에게는 기적이지만 하나님은 보통 하시는 일입니다.

1886년 미국 미네소타 주는 3년 동안 가뭄이 계속되며 메뚜기로 인한 피해가 극심하였습니다. 이로 인해 모든 작물이 죽어가기 시작했습니다. 이때 주지사는 기도의 날을 선포하고 모든 공직자와 주민들이 합심해서 기도하기를 요청했습니다. 기도를 한 지 3일만에 가뭄을 적시는 비가 내려 해갈되었습니다. 이는 자연법칙을 만드신 창조주께서 비를 이용하여 행하신 기적인 것입니다.

대한민국의 초대 이승만 대통령은 1950년 6월 25일 아침 북한의 남침으로 3일만에 서울을 빼앗기고, 부산의 도청 건물에서 국사를 다루시던 중 한국의 국토가 낙동강 주위의 경남과 부산 일대만 남은 상태에서 그 지역의 목회자들에게 나라를 위해서 기도하기를 요청했습니다. 부산 초량교회에서 연속으로 24시간씩 계속 기도할 때 유엔 안보리이사회에서는 한국에 파병여부를 결정짓는 중요 회의가 열리게 되었습니다. 그 당시 소련 대표가 좋은 외제차를 타고 유엔 본부를 향하던 중 원인을 알 수 없는 엔진의 연기로 인해 카센터에서 수리를 하였습니다. 그때 상임이사회에서는 소련 대표가 불참한 가운데 만장일치로 한국에 파병하기로 결정하였습니다. 만일 소련이 반대표를 던졌다면 이 일은 성사되지 못했을 것입니다. 제가 생각하기로는 간절히 합심하여 기도하는 목회자들과 교인들의 기도가 하나님께 상달되어 그 응답으로 반대표를 던지기로 되어 있던 소련 대표의 차를 고장나게 한 것이라고 생각됩니다(시 50:15).

또한 맥아더 장군의 부관이 뛰어 들어오며 "사령관님, 좋은 소식이 있습니다. 한국의 목회자들이 인천상륙을 위해서 기도하고 있답니다." 하니 "그럼 됐어!" 하며 맥아더는 일어섰습니다. 당시 동 사령부 내에서도 한 사람을 제외하고 모두 인천상륙은 불가능하다고 반대하는 입장에 놓여 있었습니다. 단 한 사람 해병대 중장은 1/500의 기적을 브리핑했습니다. 그만큼 목숨을 건 상륙작전이었습니다. 아는 바와 같이 이렇게 기도의 힘으로 모두 불가능하다고 하는 상륙작전은 적은 희생으로 성공을 이루어 대한민국을 적화의 야욕으로부터 구출하게 된 것입니다.

인천 상륙에 성공한 후 맥아더 장군은 이렇게 외쳤습니다.

"이번 전쟁은 신앙의 차이다."

고(故) 김용기 장로님(가나안 농군 학교설립자)은 단순한 생활로 실천하셨던 분입니다. 새벽 4시에 기도실에서 "나라여, 민족이여, 안심하라. 내가 기도한다."라고 외쳤습니다. 일본 총독부 총리가 관직을 부여하겠다고 하자 그 면전에서 거절하며 오히려 '한국의 독립'을 달라고 했던 분입니다. 여기에서 중요한 것은 간절히 기도하라는 것입니다.

"그런즉 너희는 먼저 그의 나라와 그의 의를 구하라 그리하면 이 모든 것을 너희에게 더하시리라(마 6:33)."

"환난 날에 나를 부르라 내가 너를 건지리니 네가 나를 영화롭게 하리로다(시 50:15)."

시내산 정상에서 바라본 시내산

시내산 중턱의 고백의 문(시 118:19-20)

(2) 세계사의 기적

1948년 5월 14일 이스라엘이 독립을 선포하는 자리에서 초대 수상이었던 벤 구리온은 구약성서 아모스 9장 11절을 읽었습니다.

"그 날에 내가 다윗의 무너진 장막을 일으키고 그것들의 틈을 막으며 그 허물어진 것을 일으켜서 옛적과 같이 세우고…내가 그들을 그들의 땅에 심으리니 그들이 내가 준 땅에서 다시 뽑히지 아니하리라 네 하나님 여호와의 말씀이니라(암 9:11, 15)."

BC 596년 바벨론 군대에 의하여 예루살렘 성이 함락되고 나라가 망한 후 무려 2,534년만의 독립이었습니다. 뿌리째 망했던 나라가 2,534년만에 새롭게 독립을 쟁취한다는 것이 세계사의 기적이 아닐 수 없습니다.

독립을 선포하던 날에 읽었던 아모스서의 글은 히브리 예언 운동의 대표적인 글입니다. 예언자 아모스는 농부 출신으로써 사회정의가 바로 서지 않는 나라는 망할 수밖에 없음을 주장하면서 목숨을 걸고 다음과 같이 선포하였습니다.

"오직 정의를 물같이, 공의를 마르지 않는 강같이 흐르게 할지어다(암 5:24)."

이 말씀은 지금 우리 사회에 가장 필요한 말이라 여겨집니다.

1950년 6월 25일 일요일 새벽, 소련의 사주를 받은 김일성은 남한에 대한 무력침공을 가해 왔다. 무방비 상태로 일격을 당한 남한은 제대로 반격도 하지 못한 채, 국군은 남하하고 국민들은 피난길에 올랐다.

인민군의 침략은 거칠 것이 없었고 우리 군은 낙동강에서 최후의 전투를 치러야 했다. 국가의 운명은 풍전등화와 같았고 고향을 떠나 피난길에 올랐던 국민들은 좌절과 절망 속에 비참한 생활을 꾸려나갔다.

이 전쟁으로 한국군 28만 명, 남쪽 민간인 67만 명, 북한군 30만 명, 북쪽 민간인 109만 명, 중국인 100만 명, 미국인 5만4천 명 등 약 400만 명이 사망했으며 이는 인류 역사상 네 번째로 많은 전쟁 피해자로 기록된다.

또 남한의 경우 산업시설의 43%, 주택의 33%가 파괴됐으며 북한은 공업생산력의 60%, 농업생산력의 78%가 감소되는 등 한반도는 초토화되고 말았다. 기독교인이라는 이유만으로 죽임을 당하거나 실종, 북으로 압송된 인원만도 15만 명에 이르는 것으로 추정되고 있다.

대한기독교구국회와 초량교회의 회개기도운동

우리 민족에게 있어 6·25 동란이 주는 의미는 각별하다. 그 중 기독교인들에게 다가오는 의미는 남다르다. 마치 고난 속에서도 희망을 잃지 않는 기독교의 특성과도 같이 피난길 속에서도 국난극복을 위한 기도는 끊이지 않았다.

먼저 대표적인 예로 영락교회 한경직 목사를 들 수 있다. "하나님은 공의의 하나님입니다. 어떠한 불행이라도 의로운 사람에게는 그것이 행복으로 바뀌도록 하실 것입니다. 지금 38선에서 일어나고 있는 불행노 우리들 하나님의 사람들에게는 더 큰 영광의 결과가 되도록 하실 것입니다."라는 마지막 설교로 피난길에 올랐던 한 목사는 대전에서 대한기독교구국회(大韓基督教救國會)를 결성, 김창근·황치헌·황종률의 노력 아래, 구국기도집회를 가졌다. 그들은 국난 극복을 위한 기도회를 열고 피난 중에 있는 교역자들에게 집회에 참여하도록 독려했다. 피난 중에 목숨을 걸고 드린 기독인들의 예배는 뜨거웠고 기도는 간절했다. 또 선무(宣撫), 구호, 방송, 의용대 모집에도 힘을 써 기도와 실질적인 행함을 병행했다.

이후 수백 명의 교역자가 모여든 부산에서 한 목사는, 노진헌 목사가 시무하는 중앙교회에 참석해 위기에 놓인 나라를 위해 기도했으며 밥 피얼스

(Bob Pierce) 목사와 협력하여 부산 송도에서 4백 명이 모인 가운데 특별 부흥회를 개최하기도 하였다. 이런 가운데 미국 정부는 중공과 소련이 개입할 것이라는 위험을 알면서도 참전을 결정했다. 이어 유엔 안전보장이사회는 7월 7일 김일성의 남한 침공을 규탄하고 공산당을 격퇴할 사령부를 조직할 것을 결의하고 총사령관에 더글라스 맥아더 장군을 임명했다.

맥아더 장군은 일본에 주둔하고 있던 제8군을 한국에 배치했다. 하지만 국군의 병력과 무기는 너무나 부족했고 유엔의 지원이 결정된 후 투입까지의 시간차로 국군과 일부 미군은 계속 후퇴해 낙동강에 최후의 전선을 만들고 저항했다.

대구와 경남 일부 지역을 제외한 전 국토가 공산당의 수중에 들어가자 피난민들은 부산으로 몰려들었다. 이때 경상남도 지사는 초량교회 양성봉 장로였다. 양 장로는 피난민들 중 약 250명의 교역자들을 초량교회에서 거처할 수 있도록 주선했고 자연스럽게 초량교회가 교역자를 중심으로 한 기도의 중심처가 되었다.

이렇게 모여진 전국의 목회자와 장로들은 초량교회의 한상동 목사를 중심으로 8월 말에서 9월 중순까지 2주간의 구국집회를 시작했다. 설교와 기도로 이루어진 1주간의 집회 후 첫 예배 가운데 그들의 마음 속에는 회개의 마음이 불일듯 일었다.

이 예배에서 한상동 목사는 "여호와 하나님의 명령과 법도를 지켜야 축복을 받아 강성하여 국민이 여호와 하나님의 저주와 진노를 면한다."는 신명기 11장을 중심으로 설교하였다. 이날 한상동 목사의 설교는 신사참배와 이로 관계된 교계의 교권 다툼으로 언성이 높았던 해방 후, 한국교회가 범한 잘못을 하나님 앞에 참회해야 한다는 의미심장한 것이었다.

그 예배에서 시작된 회개기도는 일주일 밤낮으로 계속됐고 간절한 마음으로 하나님을 향해 부르짖었다. 먼저 "신사참배를 통해 우상숭배를 한 것을 회개"했으며 "성도들과의 간음죄와 양떼를 버리고 먼저 도망 나온 비겁한 마음들을 회개하오니 부디 나라와 민족을 구원해 주십시오."라고 통곡했다.

이 회개기도에 참가했던 당시 초량교회 강월남 집사(91세)는 당시 목사와 장로들의 회개는 참으로 진지했고 그 기도회가 얼마나 뜨거웠던지 기도회가 끝날 무렵에는 모두가 기진맥진한 상태였다고 증거하고 있다.

인천상륙작전

부산 초량교회의 회개기도운동은 부산 전 지역은 물론이고 제주도까지 이어지고 있었다. 이런 가운데 맥아더 장군은 아무도 예상치 못한 인천상륙작전을 감행했고 졸지에 보급로가 차단된 인민군은 우왕좌왕 갈피를 잡지 못했다. 인천상륙작전은 7일간의 밤낮없는 회개기도가 있은 후 3일만에 이루어진 일이었다. 연이어 낙동강 전선에서 공산군이 밀려 올라가기 시작하면서 전세는 역전됐고 9월 28일에는 서울을 수복하기에 이르렀다.

초량교회에서 있었던 간절한 회개기도의 영향은 이후 동란이 끝날 무렵 나라 전체에 미쳤다. 당시 부산시동회 연합회장과 기독교단체의 대표를 지냈던 김치선 씨가 매월 6·25를 기억하여 모든 것을 절제하는 국난극복일로 정해 줄 것을 이승만 대통령에게 1952년 제의한 것도 회개기도운동의 직접적인 결과이다. 그 내용은 전 국민이 술을 금하고 점심을 절식하며 직장에서나 교회에서 특별집회를 개최하여 국난 극복에 대한 새로운 각오를 새롭게 하자는 것이다. 그리고 하나님이 이 나라를 구원해 주셨고 회개운동을 통한 신앙회복으로 국난을 극복했다는 역사를 잊지 말자는 취지이다.

이렇듯 6·25 동란은 비극 가운데에서도 희망을 잃지 않았던 우리 민족의 기독정신과 고난 가운데서도 회개와 기도를 통해 하나님을 의지코자 했던 산 체험의 증거이다. 이를 통해 우리 민족은 역사에는 주관자가 있다는 진리를 다시 한 번 깨닫게 되었다.

(미래한국신문 2002년 7월 20일자 13면)

8일만의 할례는?

"그 아들 이삭이 난 지 팔 일만에 그가 하나님이 명령하신 대로 할례를 행하였더라(창 21:4)."

"할례 할 팔 일이 되매 그 이름을 예수라 하니 곧 잉태하기 전에 천사가 일컬은 바러라(눅 2:21)."

과학자들이 연구한 바에 의하면 생후 8일째 되는 날에 할례(割禮, Circumstance, 오늘의 포경(包莖)수술)를 행하는 것이 피를 거의 흘리지 않는다고 합니다. 그 이유는 피 속에 '프로트롬빈(prothrombin)' 수치가 생후 8일에 제일 높아 피 흘림을 억제한다는 것입니다. 성경의 기록이 얼마나 정확한지 알 수 있는 연구입니다.

몰톤(Jean Sloat Morton)은 혈액응고에 관하여 다음과 같이 말하였습니다.

"1935년 담(H. Dam)은 닭의 출혈을 방지하는 데 유효한 음식물의 성분을 비타민 K(V.K.)라 이름지었다. 이 V.K.는 세균에 의해 인체의 소화관 내에서 합성된다고 알려졌으며 간에 의한 프로트롬빈의 합성에도 관여한다. 만일

V.K.가 결핍되면 프로트롬빈이 부족하게 되어 출혈이 계속된다. V.K는 소화관 내에서 세균에 의해 합성되기 때문에 갓 태어난 아기는 특별히 V.K와 프로트롬빈의 부족증세로 고통을 받는다. 갓난아기는 세균에게 오염될 기간이 없었기 때문에 이런 현상이 생기는 것이다.

스칸질로(Nathan Scanzillo)는 V.K와 프로트롬빈의 양이 생후 8일경이 되면 최고에 달한다는 것을 보여 주는 논문을 작성했다. 이 논문에서 그는 그때에 할례를 행하면 가장 좋다는 사실을 지적했다. 프로트롬빈의 양은 생후 3일이 되면 30%에 달하고 8일째 되는 날 110%가 되었다가 그후로는 100%를 유지한다. 따라서 출혈을 피하기 위해서는 8일째 되는 날이 할례하기에 가장 좋은 날이다.

할례를 행하면 의학적으로도 몇 가지 좋은 점이 있다. 최근의 조사에 의하면 다른 나라의 여자들은 유대 여자들보다 자궁경부암의 발병률이 8.5%나 높다. 이 사실을 주의 깊게 연구한 결과, 치구균(恥垢菌 : Mycobacteium smegmatis)이 외부 비뇨생식기의 요도관에 기생하는데 할례 받지 않은 남자들에게 증식하는 경향이 있다. 이 세균이 여자들에게 옮아가면 자궁경부암을 일으킨다."

우리는 흔히 구약의 할례 제도를 단순히 영적인 의미로만 생각합니다. 예를 들면 "그러므로 너희는 마음에 할례를 행하고 다시는 목을 곧게 하지 말라(신 10:16)", "네 하나님 여호와께서 네 마음과 네 자손의 마음에 할례를 베푸사 너로 마음을 다하며 뜻을 다하여 네 하나님 여호와를 사랑하게 하사 너로 생명을 얻게 하실 것이며(신 30:6)" 등입니다. 그러나 위에서 소개한 바와 같이 할례는 영적인 의미와 더불어 실제적으로 커다란 유익이 있습니다. 성경이 기록되던 당시 사람들이 현대와 같이 혈액응고 메카니즘을 알았을 리가 없었음을 기억한다면 성경의 기록은 놀라운 것입니다. 성경이 과학 교과서는 아니지만 때때로 놀라운 과학적 언급들이 있음은 성경의 신적 영감성을 보여 준다고 할 수 있습니다.[15]

---

15) Jean Sloat Morton, Science in the bible(Chicago: Moody Press) - 한국어판 : 양승훈

어느 교회에서 있었던 일입니다. 목사님이 몸을 꾸부정하게 하고 걸어가고 있으니 교인들이 착각하고 이렇게 불렀습니다.

"목사님! 고래 잡으셨어요?(포경(捕鯨))"

이스라엘의 할례(포경수술)는 소변을 볼 때마다 자신을 돌아보게 하기 위한 뜻이 들어 있습니다.

크리스천이 존재하는 이유는 하나님의 말씀을 마음에 품고 그 말씀의 지배 속에 사는 사람입니다. 크리스천은 믿음 안에서 청년이 될 수 있다는 것이 우리의 자랑입니다.

역, 『성경과학백과 : 성경에 나타난 신기하고 놀라운 과학적 사실들』(서울: 나침반사, 1984 243-4면), 양승훈 저, 『창조론 대강좌』(경북기획, 1996), p.75.

각설탕 저장의 비밀을 아시나요?

- 단순한 생각이 성공한 삶이 되게 한다(마 6:22)

미국의 각설탕을 판매하는 회사에서 심각한 고민이 생겼습니다. 가까운 거리는 문제없지만 먼 거리에 물품을 보내면 각설탕이 녹아버리기 때문에 판매에 중대한 문제가 생긴 것입니다. 이 회사에서는 가장 좋은 해결책을 내놓는 사람에게 10만 달러를 준다는 현상금을 걸고 광고를 하기 시작했습니다. 그러나 아무런 해결책도 나오지 않았습니다.

어느 날, 한 청년이 회사 사무실을 찾아와서 해결책을 내놓으면 정말로 10만 달러를 주느냐고 물었습니다. 회사에서는 해결책을 제공하면 반드시 현상금을 제공한다고 하자 그 청년은 한 가지 제안을 했습니다. 일시불이 아니라 판매이익금의 0.1%를 지속적으로 준다면 그 해결책을 제시하겠다는 것입니다. 회사에서는 고민이 생겼습니다. 현상금으로 문제를 끝내려고 했는데 그 청년의 엄청난 제안에 망설여지는 것이었습니다. 그러나 회사에서는 회의를 통해 그 제안을 수용했습니다.

그 청년은 얼마 후에 해결책을 가져왔습니다. 회사에서는 그 해결책이 진짜인지 아닌지 실험해 보았습니다. 청년이 제안한 해결책은 각설탕 상자에 눈에 보이지 않는 아주 작은 바늘 구멍을 양쪽으로 뚫는 것이었습니다. 그 결과는 어떻게 되었을까요? 통풍에 의해서 설탕은 녹지 않고 원래의 상태를 잘 유지할 수 있었습니다.

여기에서 우리가 얻을 수 있는 힌트는 고린도후서 12장 9-10절의 "…이는 내 능력이 약한 데서 온전하여짐이라…이는 내가 약한 그 때에 강함이라."라는 말씀입니다.

물리학에서는 아주 쉽게 낙타를 바늘구멍으로 통과시킵니다. 빛만 있다면 세상의 모든 물체를 바늘구멍으로 통과시킵니다. 바늘구멍 사진기를 이용하여 필름에 상(像)을 맺을 수 있고, 그 곳에 흰 종이를 대면 실상을 관찰할 수 있습니다.

성경에는 특별히 과학이라고 표현을 하지 않았지만 그대로 믿고 실천하면 해결되는 과학적인 내용들이 많이 있습니다. 약한 바늘구멍이 온전하게 제품을 유지하는 큰 능력을 갖게 되는 것은 하나님의 놀라운 말씀입니다. 우리가 말씀을 그냥 읽고 지나칠 것이 아니라 말씀을 시험, 연구, 조사, 질문, 판단, 평가 또는 분별하는 자세를 통해서 이 말씀이 얼마나 놀라운 말씀인가를 날마다 체험하면 좋겠습니다.

3장 노아의 홍수를 통해서 본

창조의 증거들

노아의 홍수는 픽션일까요? 사실일까요?

노아 시대의 홍수는 성경의 기록뿐만 아니라 여러 민족의 홍수 설화 등 역사자료와 전 세계적으로 분포된 화석의 발굴 등 과학적 자료들이 세계적인 대홍수였음을 증거하고 있습니다. 한편 노아의 방주는 탐험가들에 의해 아라랏 산 정상 부근에 뒤덮인 것으로 증언되고 있으며, 또한 성경에 기록된 모양과 구조는 현대 조선공학적으로도 안정된 선박임이 입증되었습니다.

(1) 성경은 대홍수에 대하여 어떻게 말하고 있나요?

① 하늘의 창
"하나님이 궁창을 만드사 궁창 아래의 물과 궁창 위의 물로 나뉘게 하시니 그대로 되니라(창 1:7)."

② 홍수의 원인
"여호와께서 사람의 죄악이 세상에 가득함과 그의 마음으로 생각하는 모든 계획이 항상 악할 뿐임을 보시고(창 6:5)"

③ 홍수의 시작

"노아가 육백 세가 되던 해 둘째 달 곧 그 달 열이렛날이라 그 날에 큰 깊음의 샘들이 터지며 하늘의 창문들이 열려 사십 주야를 비가 땅에 쏟아졌더라(창 7:11-12)."

④ 홍수의 규모

"물이 땅에 더욱 넘치매 천하의 높은 산이 다 잠겼더니(창 7:19)"

(2) 홍수에 대한 전 세계적 증거들

홍수에 대한 전 세계적 증거들이 많습니다. 남북아메리카(미국, 캐나다, 브라질, 아르헨티나), 유럽(그리스, 아이슬란드, 핀란드, 아일랜드, 오세아니아, 오스트레일리아, 뉴질랜드), 아시아(미얀마, 인도, 중국, 인도네시아, 일본, 페르시아), 아프리카(이집트, 콩고, 수단, 남아공화국, 나이지리아) 등에는 이를 입증하는 홍수 설화가 전해져오고 있습니다.

① 중국의 상형문자

중국 문자 '배 선(船)' 자는 노아의 방주에 탄 사람이 여덟 명이라는 것(선(船)→배 주(舟)+여덟 팔(八)+입 구(口))을 우리에게 암시해 주고 있습니다. 여덟 사람이 탄 배라는 큰 배(船) 자는 우연히 만들어진 것일까요?

② 홍수를 증거하는 **인디언 석판**

미국 인디언들은 무려 쉰여덟 가지의 홍수 이야기를 가지고 있으며 우리에게 그 이야기를 전해 주고 있습니다. 1909년 12월 21일 미국 인디언들이 많이 살았던 미시간 지방 일대에서 오래된 석판이 발견되었습니다(Ohio, Columbus의 Ohio 역사학회 제공).

가)

나)

다)

라)

마)

▲ 인디언 석판[16]

가)에서 보면 양쪽에 두 남자가 있습니다. 오른쪽의 남자는 채색옷을 입은 듯한 모습이고 그 몸짓은 마치 "하나님이시여, 이 땅에 복을 내려 주시기를 원합니다."라고 축도하는 제사장과 같은 자세입니다. 왼쪽의 남자는 마치 "천부여 의지 없어서 수께로 나옵니다."라고 하는 듯한 자세를 취하고 있습니다. 서서히 걷는 동물들을 보면서 평화시대인 것을 알 수 있고 그 위에는 잎을 물고 날아가는 새들이 그려져 있으며 태양은 일그러져 있습니다.

인디언들은 문자도 없고 달력도 없기 때문에 전해져 내려오는 이야기를 그림으로 표현한 것으로 생각되어집니다. 왜 태양이 둥글지 않고 일그러진 모습으로 그려져 있을까요? 창세기 1장 7절에 있는 바와 같이 궁창 위의 물과 궁창 아래의 물로 나뉘어져 있어 홍수 전의 사람들은 태양을 물 층을 통

16) 양승훈 저, 『창조론 대강좌』(CUP, 1996), p.285.

해서 바라보았으므로 그렇게 보였을 것으로 생각되어집니다. 창세기 1장 1절에 "태초에 하나님이 천지를 창조하시니라."에서 천(天)은 히브리어로 '샤마임'인데 이는 샴(그 안에, 거기에)과 마임(물)의 합성어로써 그 뜻은 '그 안에 물이 있었다'입니다. 그 안이 바로 궁창 위라고 볼 때 말씀이 너무나 정확하며 노아의 홍수를 예고하는 듯합니다.

나)에서 보면 사람들이 물로 인해 허우적거리며 살려달라고 하는 모습을 보게 됩니다. 홍수가 있었다는 이야기입니다. 홍수는 히브리어로 '맞불(mabbul)'인데 산불이 났을 때 이를 진압하기 위한 것으로 '맞불을 놓는다'는 말을 사용하고 있습니다. 맞불에 해당하는 헬라어 '카타클뤼스모스'는 여기에서만 단 한 번 사용된 '전 세계적 대홍수'를 말합니다(마태복음 24장 39절, 누가복음 17장 27절, 베드로후서 2장 5절, 3장 6절). 이 단어는 강의 넘침과 같은 홍수(쉐테프)나 개울이나 시내가 넘치는 홍수(나하르)와는 다른 대홍수를 말합니다. 호흡하는 모든 것들을 모두 땅 위에서 쓸어버리셨기 때문입니다.

창세기 6장 5절 말씀인 "여호와께서 사람의 죄악이 세상에 가득함과 그의 마음으로 생각하는 모든 계획이 항상 악할 뿐임을 보시고"에서 보듯이 인류를 구원하시기 위해서 그 당시 의인이었던 노아의 가족을 보호하기 위한 인류 최대의 보호 작전 및 죄악의 물결을 차단하기 위한 놀라우신 하나님의 계획(맞불작전)이 있었음을 알 수 있습니다. 오늘날에도 하나님은 우리에게 경고하십니다. 언제 또 다른 '맞불'이 우리를 기다리고 있는지 알 수 없습니다.

다)에서 보면 노아의 방주가 물 위에 떠 있으며 수면에서는 태양이 오르는 장면과 나뭇잎을 물고 가는 새의 모습과 좌우에 정사각형 40칸으로 된 그림이 있습니다. 여기에서 좀더 자세히 살펴보고자 합니다. 왜 40칸이었을까요? 당시에 달력이 없었기 때문에 사람들은 홍수가 왔을 때 비가 내린 날짜대로 낮과 밤에 하나씩 하나씩 표시하다 보니 40칸 두 개의 그림이 그려진 것으로 생각되어집니다. 즉 하나는 40일 낮이고, 또 하나는 40일 밤으로 생각됩니다.

여기에서 방주란 히브리어로 '테바' 또는 '타바'입니다. 하나님은 노아에게 테바를 만들라고 말씀하셨습니다. 테바는 이렇게 쉽게 기억할 수 있습니다. "너희가 내 말을 무시할 테면 그래 바(봐)." 하는 식으로 말씀하셨다면 그 말을 기억하기 좋게 줄여서 테바라고 표현할 수 있겠습니다. 그런데 이 말을 들은 노아는 사람들에게 말할 때 '타바'라고 했습니다. 왜 타바일까요? 노아는 사람들에게 "방주에 타 바(봐)!"라고 애원했을까요? 120년 동안 그들과 함께 살았던 노아는 그들에게 방주에 타기를 간곡히 간청했지만, 노아의 방주에 탄 사람은 가족 외에는 아무도 없었습니다. 오히려 비웃고, 침 뱉고, 조롱하고, 얼마나 많은 수모를 주었는가를 짐작할 수 있습니다.

그러면 그들은 왜 홍수에 대비해 방주에 타지 않았을까요? 창세기 2장 5절 말씀인 "여호와 하나님이 땅에 비를 내리지 아니하셨고 땅을 갈 사람도 없었으므로 들에는 초목이 아직 없었고 밭에는 채소가 나지 아니하였으며"에서 알 수 있듯이 궁창 위의 물이 있던 홍수 이전에는 땅에 비를 내리지 않은 특수한 기후(창 2:6)였으며 비를 구경 못한 사람들이 홍수란 말을 도저히 믿을 수 없었기 때문에 방주에 타려고 하지 않았을 것으로 생각됩니다.

라)에서는 육지에 연결된 널판지를 이용해서 나오는 짐승들과 이미 육지에 도달하여 기쁨을 감추지 못하는 네 명의 남자 그림이 나오며, 태양은 지금처럼 동그란 것으로 표현되어 있습니다. 가)와 다르게 여기에서는 왜 태양이 지금처럼 동그랗게 표현되었을까요? 이것은 노아의 홍수가 끝난 상황이라는 것을 알 수 있습니다. 궁창 위의 물이 떨어졌기 때문에 지금처럼 표현되었습니다. 남자 네 명은 누구였을까요? 아마도 노아와 그의 세 아들 셈, 함, 야벳일 것입니다. 여자들은 왜 표현되지 않았을까요? 그 당시 관습의 영향도 있고 그려 넣을 공간도 부족했을 것으로 생각됩니다.

마)에서는 무지개 그림이 잘 그려져 있습니다.

"내가 구름으로 땅을 덮을 때에 무지개가 구름 속에 나타나면 내가 나와 너희와 및 육체를 가진 모든 생물 사이의 내 언약을 기억하리니 다시는 물이 모든 육체를 멸하는 홍수가 되지 아니할지라(창 9:14-15)."

이상에서 보는 바와 같이 하나님은 다시 홍수로 멸하지 않겠다는 언약을 하시면서 하나님과 세상과의 언약의 징표로 무지개를 세우셨습니다.

③ 사막 밑에서 발견된 바다와 큰 강

또 하나의 노아의 홍수의 증거는 사막 밑에 바다와 강이 발견된 사실입니다. 중동 지역에서 일하던 우리의 노동자가 주말에 사막에 밀을 심었습니다. 장난삼아 심은 것이었는데 몇 주 지나서 가보니 거기에 잠자리와 개구리가 날고, 뛰는 것을 보게 됩니다. 사막에는 물이 없다고 알고 있는데 이런 곤충이 살다니, 도저히 이해가 되지 않았다고 합니다. 그런데 몇 년이 지나서 미국이 인공위성으로 유전을 조사하던 중 중동 일대의 사막 밑에서 큰 바다와 큰 강이 발견되었다는 것을 보고 그 의문점이 풀렸다고 합니다. 이는 노아 홍수와 같은 큰 격변에 의해서 일시에 몰려든 흙, 모래 등으로 인해서 바다와 강이 묻혀 사막이 된 것입니다.

"묘성과 삼성을 만드시며 사망의 그늘을 아침으로 바꾸시고 낮을 어두운 밤으로 바꾸시며 바닷물을 불러 지면에 쏟으시는 이를 찾으라 그의 이름은 여호와시니라(암 5:8)."

(3) 노아의 방주는 지금도 탈 수 있는 배인가요?

'세계 최초의 동물원'은 무엇입니까? '노아의 방주'입니다.

① 방주의 용량

- 포유류 : 3,500여 종
- 조 류 : 8,600여 종
- 양서류와 파충류 : 5,500여 종
- 어류를 제외한 척추동물 : 총 1,600여 종

이 동물들을 각 쌍으로 계산하면 35,200마리입니다. 평균적으로 양의 크기(100 kg 기준)만 잡더라도 노아의 방주는 125,280마리의 양들을 실을 수 있으며, 이 용량은 실어야 할 동물의 3배 이상입니다. 그 나머지 장소는 멸종된 생물, 식량, 노아의 가족, 곤충들이 차지하게 됩니다. '버지니아 종합기술 연구소'의 수력공학 교수로 있던 헨리 모리스(Henry Morris) 박사는 방주의 길이와 폭과 높이의 비율은 동수역학적으로 볼 때 견고한 것이었다고 말했습니다.

바닷물은 톤당 35 입방피트(cu, ft)로 계산되기 때문에 방주가 완전히 비어 있는 경우, 그것은 바닥이 약 4.3 피트의 깊이의 물 밑에 떠 있을 것입니다. 만일 방주가 15 피트의 깊이로 잠겼다면 배의 전체 중량은 1만 톤이었을 것이며 20 피트였다면 1만5천 톤이었을 것입니다. 동물의 무게를 1백 톤으로 가정하고 각 동물이 1년에 자기 체중의 20배 되는 식량과 물을 먹고 마신다면 화물의 무게는 약 4천 톤이 될 것입니다. 물론 몇 톤의 동물이 승선했는지 잘 모르지만 이러한 계산은 합당하고 지극히 정상적입니다. 방주는 569개 이상의 철도 화물차의 짐(각 차량에는 2,670 입방피트)이나 그의 가족을 위시하여 3만 마리의 동물과 새를 운반할 만큼 거대했습니다.

여기에서 보는 바와 같이 설계가 견고한 방주는 통상적으로 말하는 배가 아니었습니다. 물 위에 뜰 수 있는 상자나 큰 궤의 배를 말합니다. 아기 모세를 띄워 보냈던 나일 강의 갈 상자(papyrus basket, 출 2:3)와 이스라엘의 법궤는 방주와 동일한 어원을 가집니다. 이것은 방주와 아기 모세 그리고 법궤를 인도하시는 주님의 섭리를 우리들에게 전해 준다고 하겠습니다. 3층으로 구성된(창 6:16) 방주는 총 수용 면적이 표준 크기의 대학농구장 232개 정도의 면적이 되며, 그 길이는 축구경기장보다 훨씬 길고, 총 용적은 약 39,540 ㎥(1 규빗을 44.5 cm로 환산할 경우)로 가축 운반용 철도차량 522량에 해당합니다. 이것은 배수량은 약 2만 톤, 용적 약 1만4천 톤의 크기입니다.[17]

방주(方舟)는 모진 방(方), 배 주(舟)로써 모가 진 널찍한 배이므로 잘 전복되지 않는 특징이 있습니다. 방주는 왜 유선형이 아니냐고 묻는 학생들이 많은데 방주는 운반선도, 화물선도, 여객선도 아닌 인류를 구원하기 위한 가장 안전한 모가 진 배였음을 알아야 합니다.

② 방주의 복원성

오늘날의 거대한 선박처럼 방주의 하부 중심은 방주에게 굉장한 복원력을 주었습니다. 방주가 무거운 화물 때문에 물속에 낮게 잠길수록 더 안전해졌습니다. 항해 전문가들은 방주는 가장 험악한 폭풍우 속에서도 무한정으로 항해에 견딜 수 있었음을 인정하고 있습니다. 모리스(Henry Morris) 박사는 이렇게 말하고 있습니다.

"방주는 대홍수에서 해방된 동수역학(動水力學)적인 힘과 기체역학적인 힘의 합성으로 일 년간 물 위에 뜰 수 있었다."

"방주는 물 위에 뜰 수 있었던 것 외에도 모진 바람과 거친 파도의 영향을 받고도 전복되지 않았다. 성경에는 홍수 물이 가장 높은 산을 적어도 15

---

17) 조덕영 저, 『기독교와 과학』(두루마리 사, 1997), p.186.

규빗(약 7 m 정도)이나 덮었다고 쓰여 있다(창 7:20). 이러한 사실은 분명히 방주가 어느 곳으로 밀려가든 자유롭게 떠다니고 있었음을 가리킨다."

모리스 박사는 방주의 구조는 격심한 파도와 강풍 가운데서도 전복을 당할 염려가 없도록 건축되었다고 결론을 내렸습니다.

"설계된 방주는 일 년간의 대홍수와 폭우를 물리칠 수 있을 만큼 지극히 견고하고 정확한 것이었다."

'플로이텐'이라고 하는 덴마크의 현대식 거룻배는 방주의 축소판입니다. 규모가 작으나 그 거룻배들은 방주의 수용력과 복원력이 어떠했을 것이라는 것을 보여 줍니다. 방주의 비율에 따라 건조된 이 거룻배들은 한꺼번에 여러 척의 다른 선박을 운반할 수 있습니다. 방주처럼 이 배들도 좀처럼 뒤집혀지지 않습니다.

③ 현대과학이 밝히는 노아 **방주의 안정성**

1992년 창조과학회가 의뢰하여 국가 출연 연구기관인 해사기술연구소(구 선박연구소)의 대형수조(길이 200 m, 폭 16 m, 높이 7 m)에서 실시한 창세기에 기록되어 있는 노아 방주의 안정성에 대한 실험결과는 언론 등의 큰 관심을 불러 일으켰습니다.

실험 결과, 노아의 방주는 매우 안정된 배였으며 현대 조선공학적인 관점에서 매우 현실성이 있는 배였다는 것입니다. 성경적으로 노아의 홍수 사건은 대단히 중요한 의미를 지닙니다. 누가복음 17장에 보면 예수님께서는 노아의 홍수 사건을 역사적 사실로 언급하면서 예수님의 재림도 노아의 홍수가 나던 때와 같을 것이라고 하였습니다. 그동안 창세기 대홍수에 대해서는 그 역사적 진위에 관하여 반신반의하는 사람들이 많았으며, 대다수의 사람들이 한낱 신화 정도로만 해석한 것이 사실입니다.

그러나 예수님의 재림을 믿는 사람이라면 예수님의 비유처럼 노아 홍수도 분명히 성경에서 말씀하신 대로 전 지구 상을 뒤덮는 사건이었음을 믿어야 할 것입니다. 그럴 경우 홍수와 관련된 모든 사실뿐만 아니라 방주에 관한 기록도 사실임을 믿을 수 있습니다.

배의 역사를 살펴보면, 기원전에 만들어진 배 가운데 가장 큰 배는 BC 1,500년경에 이집트에서 만들어진 오벨리스크의 운반선이었습니다. 거대한 돌기둥으로 된 기념비인 오벨리스크는 한 개당 무게가 70톤 정도 되는 고대 이집트의 태양신을 섬기는 상징물이었으며, 이 운반선은 오벨리스크 두 개 정도를 실을 수 있는 크기(길이 약 61 m, 폭 4 m)였습니다. 오벨리스크 운반선은 방주의 크기에 비해 상대적으로 작음을 알 수 있습니다.

오벨리스크 운반선이 만들어진 시대를 전후로 해서 기록이나 유물로 나타나는 대부분의 배는 매우 작은 배들이었는데, 그 이유는 제작 기술이 부족하기보다는 그렇게 큰 배를 만들 필요성이 없었기 때문일 것입니다. 성경을 살펴보면 노아 홍수 이전에 벌써 동과 철과 각양 날카로운 기계를 만들어 썼다는(창 4:22) 기록이 있습니다.

노아의 방주는 통상적으로 말하는 배는 아니었습니다. 오늘날의 배와 같이 항해를 위한 배가 아니라 단지 거대한 홍수에 떠 있고 견딜 수 있으면 되는 상자나 큰 궤와 흡사하였습니다. 아마도 하나님의 인도하심이라는 관점에서 보면 방주나 갈 상자와 언약궤는 일맥상통하는 면도 있는 것 같습니다.

이와 같은 사실을 염두에 두고, 이번 실험에서는 조선공학적 측면에서 홍수 당시 방주의 거동과 안정성 여부에 연구의 초점이 모아졌습니다.

현재 선박의 안정성은 크게 구분하여 구조적인 안정성, 복원 안정성 그리고 파랑 안정성으로 평가할 수 있습니다. 구조적인 안정성은 파도에 의해 배가 부서지지 않고 견딜 수 있는 정도를 말하며, 복원 안정성은 배가 파도에 의해 기울어져 있을 때 평형을 이루려는 힘이 얼마나 강한가를 말합니다. 그리고 파랑 안정성은 배에 실려 있는 사람과 화물과 각종 구조물들이 안정되게 유지될 수 있는가를 말하는데, 배 멀미와 같이 인체에 미치는 영향을 평가하는 것이 이에 속합니다.

먼저 노아 방주와 동일한 부피를 가지면서 길이나 폭과 높이의 비율을 다르게 한 다음 다른 열두 척의 배를 선정하여 이론적인 안정성을 검토한 결과 노아의 방주가 최고의 복원 안정성을 갖고 있다는 것이 밝혀졌습니다. 세 가지 안정도를 종합하여 평가한 결과도 노아의 방주가 최적의 안정성을 나타내는 것으로 확인되었습니다. 모형실험에 있어서는 50분의 1의 축소 모형을 만들어 해사기술연구소 내에 설치되어 있는 대형 수조에 띄우고 인공 파도를 만들어 최첨단 측정 장비들로 계측하였습니다. 실험결과를 보면, 파도의 높이가 43 m보다 작다면 방주는 파랑 안정성에 문제가 없음을 알 수 있었습니다. 방주의 복원 안정성은 미국 선급협회(ABS)에서 적용하는 평가 규칙으로 볼 때 방주에 물이 넘쳐 들어오려면 파도의 높이가 40 m 이상이어야 한다는 것입니다.

구조적으로 볼 때에도, 방주를 건조한 나무의 두께가 30 cm 이상이었다면 약 30 m의 파도에도 안전하다고 평가됩니다. 현재까지 해양에서 발생한 가장 격심한 파도가 높이 약 30 m로 기록된 것으로 본다면, 방주는 최악의 환경에서도 놀라울 정도로 안전하다는 것을 알 수 있습니다.

국가 출연 연구기관인 **해사기술연구소**는 선박의 선형 시험 및 관련 성능 평가 업무에서 세계적으로 인정받은 공인 기관으로서 세계 조선 제2위 국인 우리나라에서 수출되는 선박의 대부분이 이곳에서 성능 평가를 받고 있으며, 그 결과는 외국의 선주들에게도 그대로 인정받고 있습니다. 이 연구소에서는 1993년까지 약 480척의 선박에 대한 실험 평가 업무가 수행된 바 있습니다.

노아의 방주 연구에 참여한 연구팀은 홍석원 박사를 팀장으로 하여 아홉 명으로 구성되어 있습니다. 이는 모형 제작과 실험에 관련된 기능 인력을 제외한 연구 인력인데, 박사 다섯 명, 석사 세 명으로 구성되어 수시로 모임을 갖고 합리적인 추정이 가능하도록 하였습니다.

이때 물을 밀어내는 배수량은 2만1천 톤이며 절대 평가로 운항 한계의 파도의 추정은 40 m이며, 파도 47.5 m까지는 방주에 물이 들어가지 않았습니다. 배는 뒤에서 치는 파도에 제일 위험합니다. 서 있을 때는 안전하며 전복되지 않습니다.

역사와 자연현상에 대해 주관적으로 역사하시는 하나님을 증거하는 이 실험으로 얻은 교훈은 "첫째, 배를 탈 때는 둘이 타라(시 133:1), 둘째, 꿈은 높은 데에 두어라(사 40:31), 셋째, 항상 순종하라(살전 5:16)."라고 하였습니다.

노아의 방주에 관한 연구를 진행하면서 노아의 방주를 단순히 과학만을 가지고 해석하는 것이 과연 필요할까 하는 우려도 없지 않았습니다. 창세기 8장 1절에 보면, 홍수가 진행되는 동안에 하나님께서는 노아 및 그와 함께 방주에 있는 모든 들짐승과 육축을 특별히 돌보셨다고 말씀하고 있습니다. 방주가 홍수를 견딜 수 있다는 것이 단순히 방주의 우수성 때문만은 아니기에 방주의 안정성에 대하여 과학적으로 접근하는 것이 또 다른 부작용을 낳을 수도 있습니다.

분명히 강조되어야 할 점은 노아 방주가 홍수를 견딜 수 있던 것은 방주가 우수했다는 사실뿐 아니라 하나님께서 방주를 특별히 기억하고 돌보셨다는 점일 것입니다. 이런 우려에도 불구하고 연구를 진행한 것은 노아의 방주를 하나님께서 직접 설계하셨기 때문에 방주 자체의 구조에도 분명히 하나님의 섭리와 지혜와 계시가 담겨 있을 것이라는 믿음 때문이었습니다.

그러면서도 연구가 진행되는 동안, 과연 어떤 연구 결과가 나올지는 두려움 반, 기대 반이었습니다. 연구 책임자인 홍석원 박사는 의도적인 결론이 유도되지 않을까 하여 그렇게 되지 않도록 결벽증 환자같이 비의도성을 오히려 강조하여 연구를 진행한 것으로 알려집니다. 마침내 최종적인 연구 결과에 이르렀을 때 모두가 하나님을 찬양하지 않을 수 없었습니다. 노아 방주에 대한 연구 성과는 하나님께서 우리들에게 허락하신 과학으로 알아볼 수 있는 최상의 선물이었습니다.

과학은 선용될 수만 있다면 하나님의 창조주 되심을 밝히는 훌륭한 도구일 수 있습니다. 하지만 오늘날의 인본주의와 유물론에 근거한 과학은, 과학을 맹신하고 인류 스스로 자만에 빠지도록 과학만능주의를 만들어냈습니다. 이들 잘못된 과학주의는 과학을 허락하신 하나님의 창조를 전제로 하는 창조과학만이 극복할 수 있습니다.[18]

전함 전문가 **디키 씨**는 미국의 전함 **U.S.S 오리건(Oregon) 호**를 노아의 방주 비율로 설계했는데 이 배는 미국 전함 중 엔진을 끈 채 풍랑이 이는 바다 위에서 가장 안정된 배라고 합니다. 노아가 조선공학과에서 현대 조선 기술을 공부하지 않았음을 생각하면 이것은 창세기의 영감성을 보여 주는 것이라고 할 수 있습니다.

카이스트 소재 동아리방의 임시 전시실의 전시품에는 다음과 같이 설명되어 있습니다.

· 연구목적 : 하나님이 설계하신 노아의 방주가 전 지구적 대홍수 때 안선하
　　　　　 게 견딜 수 있었는가를 확인하기 위해서
· 연구기간 : 1년(1992. 6. 1~1993. 5. 30.)
· 연구자 : 한국 해사기술연구소 운동성 연구실 홍석원 박사 외 10명
· 연구 내용 및 결과 : 다른 열두 척의 다양한 설계비율의 배들과 비교 연구

① **복원 안정성**(기울어졌다 되돌아서는 능력) : 미국 선급협회(ABS) 기준치
　　보다 13배 안정

---

18) 조덕영 저, 『기독교와 과학』(두루마리 사, 1997), pp.189-194.

🦋 방주 안정성 실험

② 파랑 안정성(배에 탄 사람의 쾌적 정도) : 다른 12개 모형보다 우수

③ 구조 안정성(파도에 견디는 능력) : 다른 12개 모형보다 우수

· 결론 : 현대 조선공학적인 관점에서 매우 현실성 있는 배였으며 또한 우수한 안정성을 가져 파도의 높이가 43 m 이상의 열악한 환경에서도 선체, 승무원, 화물이 안전하게 항해할 수 있는 것으로 평가되었음.

(4) 홍수 이후에는 어떤 변화가 있었을까요?

① 인간 수명의 단축
· 그는 구백삼십 세를 살고 죽었더라(창 5:5).
· (노아의 홍수 이후) 아브라함의 향년이 백칠십오 세라(창 25:7).

홍수 이전의 사람들은 보통 900세 이상의 수명을 누렸지만 홍수 이후에는 급격히 그 수명이 줄어들어 오늘날처럼 100세 미만이 되었습니다. 그 증거로 노아의 홍수 이후에는 점점 줄어들어 오늘날같이 된 것을 알 수 있습니다.

🐚 안정성 평가시 사용되었던 실제 비율의 노아의 방주

"야렛은 백육십이 세에 에녹을 낳았고 에녹을 낳은 후 팔백 년을 지내며 자녀들을 낳았으며 그는 구백육십이 세를 살고 죽었더라 에녹은 육십오세에 므두셀라를 낳았고 므두셀라를 낳은 후 삼백 년을 하나님과 동행하며 자녀들을 낳았으며 그는 삼백육십오 세를 살았더라 에녹이 하나님과 동행하더니 하나님이 그를 데려가시므로 세상에 있지 아니하였더라(창 5:18-24)."

중요한 사실은 에녹의 아들 므두셀라가 969세를 장수하고, 또 그 아들 라멕이 777세를 살고, 그 아들 노아가 600세에 홍수를 만나고 그 이후 350년을 더 살았다는 기록을 볼 때 므두셀라가 죽은 후에 홍수가 일어났다는 사실입니다. 에녹이 하나님과 동행할 때 하나님 말씀을 잘 경청해서 그 아들 이름을 **므두셀라**라고 지은 것으로 생각됩니다(유 1:14-15 : 주께서 뭇 사람을 심판한다는 에녹의 예언). 그 뜻은 **'그가 죽으면 내가 홍수(심판)를 보내겠다'** 라고 하는 뜻입니다.

영어로 'when he dies, it shall be sent(judgment)', 히브리어로는 '무트(죽는다), 샬라흐(보낸다)'의 합성어입니다. 에녹이 하나님과 동행하면서 하나님께서 참고 참으시다가 죄악이 이 세상에 가득 찼으므로 에녹에게 네 아들이 태어나서 죽게 되면 내가 홍수로 심판하겠다는 말씀을 분명하게 경고하신 것입니다. 그 말을 들은 에녹은 그 많은 이름 중에서 다른 것을 택하지 않고 부르기 힘든 하나님의 경고의 말씀 그대로 므두셀라라는 이름을 지었다고 생각됩니다.

우리는 이것을 과거의 사건으로만 생각하는 경향이 있는데 오늘날에도 우리에게 주는 경고의 말씀입니다. 단순히 무드(mood, 분위기)를 조성하는 말이 아니라 우리에게 주는 경고의 말씀입니다. 심판은 분명히 있다는 경고의 말씀이지요.

② 기후의 변화

궁창 위의 물은 하나의 보호막 역할을 했다고 봅니다. 보호막 역할을 한 수막은 우주로부터 오는 각종 해로운 우주선(ray)을 잘 막아 주고 아열대와 같은 온난한 기후를 형성하여 인간은 물론 동물까지도 오래 살고, 몸짓이 컸었던 것으로 추정됩니다. 간접적인 증거로는 날개 길이가 90 cm인 잠자리 화석이 발견된 것입니다. 홍수 이전과는 달리 현재 세계에서 가장 큰 잠자리는 9.5 cm에 불과합니다. 길이도 10분의 1로 줄어들었지만 수명 또한 10분의 1로 줄어든 것을 보면 얼마나 과학적인지 엿볼 수 있는 사실입니다.

시베리아 북부 '타이미르 반도 얼음' 속에서 맘모스가 발견되었습니다(자료 : AFP통신 1999). 발견된 그 화석은 살도, 털도 상하지 않은 거의 완벽한 화석이었는데 과학자들이 그 맘모스 화석의 입 안과 위 속을 살핀 결과, 그 속에서 나온 것은 아열대 지방에 있는 넓은 나뭇잎이었다고 합니다. 이를 발견한 과학자들은 이 맘모스가 갑자기 죽어 묻히게 될 당시의 시베리아 기후는 아열대 기후였다고 추정하게 되었습니다. 이로써 노아의 홍수와 같은 큰 격변이 있었음을 알 수 있습니다.

(5) 아라랏 산들(Mt. Ararats)

아라랏 산은 터키 동부 이란과 아르메니아 접경지역에 위치한 해발 5,165 m와 5,126 m 되는 두 봉우리로 이루어진 웅장한 산으로 노아의 나이 600세 되던 해, 7월 17일에 드디어 방주는 아라랏 산들에 도착했습니다(창 8:4). 아라랏 산들은 터키와 러시아, 이란의 국경선 부근에 위치하는 산으로 한글판 성경은 아라랏 산으로 되어 있지만 히브리어 성경에는 산들이라는 복수형을 사용하고 있습니다. 모세는 아라랏 산에서 1,280 km이나 떨어진 느보 산에서 죽었으므로 아라랏 산들을 한 번도 본 적은 없었을 것이지만 정확히 아라랏 산들이라는 복수형을 사용한 점은 놀라운 일입니다. 또한 아라랏 산들을 탐험해 보면 이 산의 2,100 m 근방에서 굴만한 크기의 소금덩어리가 발견되고, 4,200 m 근방에서는 둥근 베개 모양의 용암이 발견된다고 합니다. 베개 용암은 물속에서 용암이 분출되어 급격히 식을 때 생기는 것이므로 이것은 노아 홍수 때에 아라랏 산들이 물속에 잠겨 있었음을 나타냅니다.

깊음의 샘들이 터지므로 일어난 격렬한 지각 변동은 오늘날 소위 대륙이동설에서 말하는 맨틀의 대류 현상을 가속화시켰습니다. 대홍수 직후에는 거대한 지하 동공이 존재하였고, 이로 인해 맨틀의 대류 현상이 격심하게 일어났으며 오늘날보다는 훨씬 더 빠른 속도로 대륙의 분리가 일어났으리라 생각됩니다.

시편 104편에는 이러한 조산운동과 조륙운동이 잘 암시되어 있습니다. "옷으로 덮음같이 이 땅을 바다로 덮으시매 물이 산들 위에 섰더니 주의 견책을 인하여 도망하며 주의 우레 소리를 인하여 빨리 가서 주의 청하신 처소에 이르렀고 산은 오르고 골짜기는 내려갔나이다." 산이 오른다는 것은 조산운동을 말한다고 할 수 있습니다.

히말라야 산맥이나 알프스 안데스 산맥 등은 최근의 융기로 인하여 생긴 산맥임이 밝혀지고 있습니다. 특히 세계에서 가장 높은 산인 에베레스트 정상 부근에서도 바다 물고기뼈와 바다 대합조개 등이 발견되는 것은 에베레스트 산도 홍수 때 바다로 덮여 있다가 그후 융기하였음을 보여 주는 명백한 증거입니다. 지표의 한 부분이 솟아오르면 다른 부분은 가라앉으므로 바다는 더욱 깊어졌을 것입니다.

얼마 전에는 이 산에 노아의 방주로 보이는 검은 물체가 인공위성에 촬영되었는데 모양은 직사각형이었고, 길이와 폭의 비율이 노아의 방주와 같다는 사실을 알게 되었습니다. 아라랏 산들은 여름에도 해발 3,500 m까지 눈이 쌓이고, 4,900 m 이상은 만년설로 덮여 있는데다가 1년 내내 폭풍우가 몰아치는 험한 고지대입니다.

(6) 만년설로 덮인 산정

아라랏 산들의 정상은 항상 빙하기의 얼음과 눈으로 덮여 있습니다. 산 꼭대기는 안개와 같은 희뿌연 구름 때문에 육안으로는 잘 볼 수 없으며 거기에는 사시사철 눈보라 사태와 그보다 낮은 곳에서는 종종 뇌우가 발생합니다. 그 크기는 그랜드캐넌[19]의 1.5배나 되는 최악의 산인데 산 직경이 40 km이며 오후에는 강풍이 시속 160 km로 부는 곳입니다.

아라랏 산을 수차례 등반한 바 있는 존 모리스는 이렇게 말합니다.

"보통 아침의 산은 수정처럼 맑고 무척 아름다운 모습이다. 그러나 거의 매일 오전 10시쯤 되면 안개가 끼기 시작하여 오후 3시쯤 되면 아라랏 산들에 폭풍이 발생한다."

"아라랏 산들은 거의 전 지역이 얼음으로 덮여 있기 때문에 산이나 산기

---

19) 미국 아리조나 주에 위치, 길이 : 446 km 폭 : 4 km 깊이 : 1.5 km

숲에서 발생한 증기가 오후 서
너 시쯤 비로 액화되어 폭풍
우를 일으킨다."

아라랏 산들은 두 정상을
가지고 있는 화산군입니다. 대
아라랏 산은 높이가 16,984 피
트요, 소아라랏 산은 높이가
12,806 피트입니다.

소아라랏 산의 경우, 여름
에는 때때로 눈이 내리지 않
습니다. 그러나 아라랏 산들의
만년 얼음은 두께가 200 피트
이상이며, 해발 약 1만3천 피
트 내지 1만3천5백 피트부터
약 22평방 마일의 고지를 덮고
있습니다. 이 산에는 대빙하에
서 뻗어 나온 지류 빙하가 12
개이며, 저들은 각기 이름을
가지고 있습니다.[20]

1980년대에 그 아라랏 산
들에서 LPG공장을 건설하러
파견되었던 김무위 장로(경주
안강제일교회)가 해발 3,000 m
가 넘는 고지대에서 나무 화

▶ 아라랏 산들 바다 화석

20) 데이브 발시거 저, 『노아 방주의 발견』(보이스 사, 1987), p.141.

석과 바닷물고기와 바닷고둥류 화석을 수집하여 귀국했습니다. 이 화석은 3,000 m 이상에서는 식물이 자라지 않는 관계로 이 지역에서 나무 화석이 발견되고 있는 것은 그 지역에 노아의 방주가 머물렀다고 하는 성경의 기록을 강력하게 뒷받침하는 것입니다. 그리고 민물이 아닌 바닷고둥류와 바닷조개류 화석이 발견된 것은 홍수 때에 바닷물이 아라랏 산들 정상보다 약 7 m 정도나 더 올랐다는 사실(창 7:19, 2:20, 창 8:4)을 입증하는 것입니다.

2

학생들이 제일 궁금해 하는 노아의 홍수에 관한 질문들

(1) 노아의 방주에서 그 많은 동물들의 먹이는 어떻게 주었나요?

"너는 먹을 모든 양식을 네게로 가져다가 저축하라 이것이 너와 그들의 먹을 것이 되리라(창 6:21)."

위와 같이 하나님께서 그 방주 안의 모든 짐승들이 먹을거리를 충분히 저축하라 하였으므로 노아는 그대로 다 준비했을 뿐만 아니라 일 년 이상을 물 위에 떠 있는 배 안에서는 마치 동면(冬眠)하는 것과 같이 음식을 많이 먹지 않았다고 생각됩니다. 어떤 사람은 여덟 명의 노아의 식구가 그 많은 동물들에게 어떻게 매일 먹이를 줄 수 있었으며 또한 배설물을 치울 수 있었냐고 묻지만 이것도 하나님께서는 간단히 해결했을 것으로 생각됩니다.

지금까지는 뱀이나 개구리 등 몇몇 종류의 동물들만 동면을 하는 것으로 알려져 왔으나 최근의 연구 결과에 의하면 모든 동물들이 어느 정도 이하로 기온이 내려가고 대기 속의 산소의 함량이 어느 정도 이하로 떨어지면 동면을 한다고 합니다. 그 안에서 활동량은 적고 주위환경이 모두 습하므로 마치 감기에 걸렸을 때 먹이를 많이 먹지 않는 것처럼 음식도 생각보다는 많이 소비하지 않았을 것으로 생각됩니다. 그런 의미에서 먹을거리 문제는 충분히 이해할 수 있다고 생각됩니다.

(2) 그 안에서 질병과 냄새로 인해 동물들이 살 수 있었나요?

"거기에 창을 내되 위에서부터 한 규빗에 내고 그 문은 옆으로 내고 상 중 하 삼층으로 할지니라(창 6:16)."

방주의 창에 대한 몇 가지 잘못된 개념이 있었습니다. 창세기 6장 16절에 "거기에 창을 내되…"라는 말씀이 쓰여 있습니다. 이 말씀을 보면 방주에는 창문이 단 하나였던 것 같습니다. 그렇다면 단 하나의 창문으로 사람과 동물의 요구를 충족시켜 줄 만한 충분한 빛과 공기를 어떻게 공급할 수 있었을까요? 필비(Frederick A. Filby) 박사는 그것을 이렇게 설명하고 있습니다.

창세기 6장 16절에서 노아의 방주 지붕 위에서 1 큐빗(약 45 cm)되는 곳의 창은 히브리어로 '초하르(TSOHAR)', 곧 '빛'을 의미합니다. 구약성경에서는 이러한 의미로 사용되는 '창'이란 말이 두 번 다시 사용되지 않습니다. 이 말은 창세기 8장 6절에 사용된 '창문(찰론 : CHALLON)'이라는 말과는 상당히 다릅니다. 그것은 노아가 새들을 풀어 주기 위해 열었던 '창'이었습니다. 그리고 이 말은 또한 창세기 7장 11절의 '하늘의 창'에 사용된 '창(아룹바 : ARUBBAH)' 이란 말과도 다릅니다.[21]

구약성경의 다른 23개 경우에 사용된 '초하르'란 말은 '정오' 또는 '대낮' 을 의미하며 창세기 6장 16절에 사용된 '창(초하르)'은 분명히 '대낮의 태양빛' 을 의미합니다. 다시 말하면 거기에 창을 내라는 말은 대낮의 태양빛이 들어오는 환풍장치를 내라는 의미로 해석할 수 있습니다. 창을 열었을 때 낮 12시의 밝은 태양빛이 들어오면 자동적으로 배 안의 냄새는 밖으로 나가고,

---

21) 데이브 발시거 저, 「노아 방주의 발견」(보이스 사, 1987), p.211.

밝은 빛으로 인해 살균작용을 하므로 소독이 되어 질병도 없고, 냄새도 없는 쾌적한 환경이 유지되었다고 봅니다. 따라서 질병이라든지 냄새로 인한 피해는 없었다고 봅니다.

"노아가 육백 세 되던 해 둘째 달 곧 그 달 열이렛날이라 그 날에 큰 깊음의 샘들이 터지며 하늘의 창문들이 열려(창 7:11)"

여기에서 하늘의 창문들이란 '아룹바(floodgate of heaven)'로써 창세기 6장 11절과는 의미가 상당히 다릅니다. 창세기 8장 6절에 '사십 일을 지나서 노아가 그 방주에 낸 창문을 열고'의 창문은 '찰론(CHALLON)'으로써 노아가 새들을 풀어 주기 위해 열었던 창문이었습니다.

(3) 노아의 방주에는 공룡이 탔나요?

"정결한 짐승과 부정한 짐승과 새와 땅에 기는 모든 것은 하나님이 노아에게 명하신 대로 암수 둘씩 노아에게 나아와 방주로 들어갔으며(창 7:8-9)"

위에서 보는 바와 같이 공룡은 틀림없이 들어갔습니다. 다만 성경에서 보듯이 흠 없고 건강한 일 년 된 어린 짐승들이 선별되었다고 봅니다. 왜냐하면 번제를 드릴 때 일 년 된 흠 없는 숫양을 바치라고 했기 때문입니다. 노쇠한 짐승을 선택할 이유도 없고 종족을 유지해야 되므로 번제드릴 때와 같이 건강한 짐승들을 선택한 것으로 보는 것은 지극히 당연한 것입니다. 아마도 30 cm 미만의 공룡알, 어린 공룡이 들어갔을 것으로 생각됩니다.

"너희 어린 양은 흠 없고 일 년 된 수컷으로 하되 양이나 염소 중에서 취하고(출 12:5)"

최근 연구 결과에 의하면 사화산은 물 아래에서 형성되었다고 확실히 밝혔습니다. 용암은 구심적인 원을 이루어 정상에서 4,000 m까지 만년설로 쌓여 있습니다. 아라랏 산들은 원래 해발 900 m정도였다는데 이것이 융기

되어 5,165 m의 높은 산을 이루고 있는 것은 노아의 홍수를 강력하게 뒷받침하는 것입니다.

"사십 주야를 비가 땅에 쏟아졌더라(창 7:12)."

"물이 불어서 십오 규빗이나 오르니 산들이 잠긴지라(창 7:20)."

"물이 백오십 일을 땅에 넘쳤더라(창 7:24)."

"깊음의 샘과 하늘의 창문이 닫히고 하늘에서 비가 그치매 물이 땅에서 물러가고 점점 물러가서 백오십 일 후에 줄어들고 일곱째 달 곧 그 달 열이렛날에 방주가 아라랏 산에 머물렀으며 물이 점점 줄어들어 열째 달 곧 그 달 초하룻날에 산들의 봉우리가 보였더라(창 8:2-5)."

(4) 홍수 때의 물은 어디에서 왔을까요?

성경은 노아 시대에 대홍수를 이룬 많은 물의 근원에 대한 정보를 주고 있습니다. 창세기 1장 1절의 하늘(天, 그 하늘들 : 하샤마임)에서 찾을 수 있습니다. 샤마임은 '그 안(하늘)에 물이 있었다'는 뜻입니다. 창세기 7장 11절에 언급되어 있는 '큰 깊음의 샘'과 '하늘의 창들' 위에 존재했던 물을 가리킵니다. 이들 중 주요 근원은 '하늘의 창들'에 앞서 먼저 언급된 '깊음의 샘'이라 말할 수 있습니다. 왜냐하면 이 '깊음의 샘'들은 대홍수 기간 동안 150일간을 물을 내보냈고 반면에 대기권(하늘의 창) 위의 물의 양에는 한계가 있으므로 비는 40일간 내렸기 때문입니다. 물론 이 깊음의 샘들은 태초에 지구 상에 물의 공급을 위해 창조된 것입니다. 따라서 처음에는 지구 상에 비가 내리지 않았고 다만 땅의 모든 표면을 적시고 물을 공급하기 위하여 땅에서부터 안개만이 솟아올라 왔던 것입니다(창 2:5-6).

안개에 대한 히브리 원어가 뜻하는 것은 단지 오늘날 우리가 이해하고 있는 안개와 이들이 모아져서 이루어지는 이슬뿐만 아니라 간헐천이나 광천과 같은 글자 그대로의 샘들을 의미합니다. 결국 이 샘들이 에덴에서 발원하여 흘렀던 네 개의 강(창 2:10)들의 물의 근원이 되었던 것입니다. 결과적으로 이 깊음의 샘들이 노아 홍수 때 150일간의 물 공급의 중요한 근원이었던 것이라면 그들은 광대한 양의 물을 함유하고 있었음에 틀림없습니다. 어쨌든 우리는 대홍수가 시작되었을 때 이 샘들의 분출과 연관하여 땅바닥의 거대한 균열 즉, 지각운동을 생각하게 되며 이로 인해 지각 내부에 압력을 받으며 갇혀 있던 물이 갑자기 분출하게 된 것으로 생각되어집니다.

또한 오늘날 폭발하는 화산의 90% 이상이 물(주로 수증기 형태)로 구성되어 있다는 흥미로운 사실과 노아 홍수 시대에 퇴적된 것이 분명한 퇴적암층의 화석층들 사이에 수많은 화산석들이 산재해 있다는 사실로부터 깊음의 샘들이 일련의 화산폭발과 함께 거대한 양의 물을 방출한 것으로 믿어집니다. 또 다른 물의 근원은 하늘의 창의 열림입니다. 40주야를 끊임없이 비가 내렸다는 사실로부터 하늘의 창들이 열렸다는 것을 알 수 있습니다. 또한 이것은 첫 번째 내린 비의 시작이었음을 의미합니다(창 2:5). 이것이 노아가 자신을 믿어 주는 사람들이 없었음에도 불구하고 비가 올 것이라고 그렇게 외쳤던 이유에 대한 설명을 줍니다. 즉 노아가 그렇게 외쳤던 당시 사람들은 비나 지엽적인 홍수를 전혀 경험하지 못했던 것입니다. 그래서 그들은 노아의 경고를 비웃었던 것입니다.

(5) 홍수 후에 그 물은 다 어디로 갔나요?

노아의 홍수가 끝나고 난 후 창일했던 물은 다 어디로 갔을까요? 먼저 창세기 8장 1절에 보면 "바람을 땅 위에 불게 하시매 물이 줄어들었고"라고 기록되어 있습니다. 수면 위의 큰 바람은 물의 증발을 일으켜 물이 줄어들었습니다. 또한 궁창 위의 물이 사라짐으로써 시작된 급격한 온도 하강은 극지에 방대한 규모의 빙하를 형성시켜 물의 감소에 크게 기여했습니다. 무엇보다 가장 크게 기여한 것은 홍수 중 계속된 지각의 대이동과 지각 균형의 조정현상에 의해 바다는 깊어지고 대륙은 융기함으로써 육지가 더욱 드러났습니다. 시편 104편은 이를 잘 암시합니다.

"옷으로 덮음같이 주께서 땅을 깊은 바다로 덮으시매 물이 산들 위로 솟아올랐으나 주께서 꾸짖으시니 물은 도망하며 주의 우렛소리로 말미암아 빨리 가며 주께서 그들을 위하여 정하여 주신 곳으로 흘러갔고 산은 오르고 골짜기는 내려갔나이다 주께서 물의 경계를 정하여 넘치지 못하게 하시며 다시 돌아와 땅을 덮지 못하게 하셨나이다(시 104:6-9)."

"하나님이 노아와 그와 함께 방주에 있는 모든 들짐승과 가축을 기억하사 하나님이 바람을 땅 위에 불게 하시매 물이 줄어들었고(창 8:1)"

산이 오르고 골짜기는 내려갔다는 것은 과학적 용어로 '조산운동'이라 합니다. 퇴적층을 관찰해 보면 대홍수가 있은 이후 전 세계에 걸쳐 조산운동이 있었음을 지질학이 증거합니다. 특히 세계에서 가장 높은 산인 에베레스트 정상에서 물고기 뼈와 대합조개 등의 화석이 발견되는데, 이는 에베레스트 산이 홍수 이전에는 바다로 덮여 있다가 그후 융기했다는 성경말씀을 증거합니다.

"그가 바닷물을 모아 무더기같이 쌓으시며 깊은 물을 곳간에 두시도다(시 33:7)."

(6) 홍수 후에 지구의 환경은 어떻게 달라졌나요?

노아의 홍수가 있은 후 지구는 빙하가 시작되었습니다. 높은 습도와 극지방의 강풍은 화산재로 인해 야기된 일조량 감소와 더불어 온 지구를 냉각시켰으며 새로이 융기된 벌거숭이 산들은 그 엄청난 높이로 인해 빙하를 생성시키고 더욱 누적시키기에 충분한 낮은 온도를 유지하였습니다. 그리고 전 지구적인 광대한 지역에 많은 동식물이 묻힘으로써 화석이 형성되고 방대한 생물체의 잔해가 묻혀 석탄과 석유가 되었습니다. 이와 함께 인류의 수명감소, 육식의 시작 등 피폐해진 환경으로 인한 여러 가지 현상이 나타났습니다.

(7) 노아의 홍수는 지역적인 사건일까요? 전 세계적인 사건일까요?

성경을 자세히 읽어보면 노아의 홍수는 결코 지역적인 사건이 될 수 없고, 세계적이었음을 알 수 있습니다. 또한 지구 표면에 나타나 있는 여러 가지 현상들과 증거물들이 이것을 증명하고 있습니다. 세계적 홍수였음을 증명하는 몇 가지 사실을 간추려 보면 다음과 같습니다.

① 홍수의 기간과 물의 깊이

성경에 의하면 대홍수로 인하여 천하에 높은 산이 다 덮였으며, 홍수가 일 년 이상 지속되었습니다.

② 방주의 규모와 그 필요성

방주의 규모는 한 지역에 분포된 동물만을 싣기에는 엄청나게 큰 것이었습니다. 만일 지역적 홍수였다면 동물들은 고산지대로 피하든지 이웃 지역으로 피할 수도 있었을 것입니다. 최소한 40,000 m²의 용량을 가진 방주를 축조한 이유가 단순히 여덟 명의 사람과 몇 마리의 짐승을 태워 '지역적 홍수'를 피할 목적에 있었다고 생각되지 않습니다.

③ 지질학적 증거

지구 표면 중 75% 이상이 물속에서의 침전 작용에 의해 생긴 것입니다. 또한 전 세계적으로 화석이 발견됩니다. 특히 모든 주요 산맥들에서 바다생물 화석이 발견됩니다. '큰 깊음의 샘들이 터지며'라는 표현은 '지역적 홍수' 개념과는 모순되는 광대한 지질학적 대혼란이며, 특히 이 혼란이 5개월간 계속되었음을 뜻합니다.

④ 세계적인 홍수 전설

모든 고대 문명의 역사에서 홍수에 대한 전설을 찾아볼 수 있습니다. 특히 니느웨에서 발견된 바벨론의 길가메쉬 서사시 석판이나 미국 미시간 주에서 발견된 오래된 인디언의 석판 그림 등은 노아의 홍수를 자세히 묘사하고 있으며 전 세계에 걸쳐 이런 설화가 전래되고 있음을 보여 줍니다.

⑤ 인구 통계학

홍수 이후 노아의 여덟 식구로 시작된 세계 인구는 통계학의 견지에서 볼 때, 오늘날의 인구와 잘 들어맞습니다. 만일 인구의 증가율이 0.5%만 되어도 현재 세계 인구에 도달하는 데에는 4,000년이면 충분합니다. 이는 세계 인구 증가율의 1/4에 불과합니다.

⑥ 예수와 사도들의 증언

베드로(벧후 2:5, 3:6)와 바울(히 11:7)은 물론, 예수 그리스도께서도 대홍수가 온 인류를 멸망시켰다고 증언했습니다. 예수께서는 "홍수가 나서 그들을 다 멸망시켰으며(눅 17:27)"라고 말씀하셨습니다.

⑦ 지질학적인 증거

40일간 내린 비에 의한 지역적 홍수였다면 노아의 방주는 남쪽으로 흘러 페르시아만으로 갔을 텐데 성경은 방주가 북쪽에 있는 아라랏 산들에 도착했다고 이야기합니다. 이는 해저가 솟아오르거나 대륙이 가라앉는 지각 변동이 일어나야만 합니다. 즉 홍수의 주요 원인으로 바닷물의 육지 침범이 고려되어야 합니다. 이는 홍수가 전 세계적이었음을 말해 줍니다. 이외에도 세계적인 홍수임을 증명하는 기록들이 여러 문헌에 나타나 있습니다.

노아의 홍수를 연상케 하는 지역적인 쓰나미

노아의 홍수의 전 세계적 증거에 대하여 다른 이론을 제기하는 사람들이 있습니다. 성경은 분명히 전지구적 사건이라고 하였고, 현대과학도 이를 입증하고 있습니다.

쓰나미를 일으킨 지진 정체 한국 과학자가 밝혀냈다

2004년 12월 26일 인도네시아 수마트라 섬과 안다만 섬 사이에서 발생한 지진해일(쓰나미). 주변 국가에서 30여만 명이 참사한 인류 최악의 재앙이었다. 그동안 과학자들은 해일이 어떻게 지상까지 도달하는지에 대한 메케니즘을 밝히는 데 주력해 왔다. 하지만 정작 바다 속에서는 무슨 일이 벌어졌는지 파악하지는 못했다.

(동아일보 2006년 8월 4일자, 미 오하이오 주립대 한신찬 박사)

한국인이 주도한 국제연구팀이 처음으로 지진해일을 일으킨 지진의 정체를 밝혔는데 "지구 450 km 상공에서 돌고 있는 쌍둥이 위성 그레이스를 이용해 해저 지진으로 뒤틀린 지각의 변동 상황을 알아냈다."고 했습니다.

한 박사는 지진해일이 발생하기 전후 6개월 동안 그레이스가 수집한 중력데이터를 분석했다며 해저에서의 지진이 발생 후 7분 동안 1,300 km에 걸쳐 땅이 갈라진 사실을 확인했다고 말했습니다.

지진이 발생했을 때 해저 지각이 상승한 결과 심해에서 바닷물이 요동치기 시작했고, 이 바닷물이 제트기와 맞먹는 시속 600 km 속도로 이동했고, 남아시아 해안가에서 거대한 파도로 돌변했습니다. 왜냐하면 쓰나미는 파도가 주저앉지 않고 뒤이어 오는 파도에 밀려 솟아오르며 누적되고 거듭 누적되어 솟아오르기 때문입니다. 그래서 피할 수 없는 빠른 속도로 이동함으로써 무서운 재앙을 초래합니다. 이것이 바로 지진해일입니다. 일부 지역에서 일어난 지진해일이 그 주변 국가에서 30만이 넘는 많은 인명 피해와 땅 구조가 바뀔 정도의 큰 변화를 가져왔습니다. 그런데 노아의 홍수 같은 전 지구적 사건에서는 얼마만한 상상할 수 없는 사건이 있었을까요?

"보라 그에게는 열방이 통의 한 방울 물과 같고 저울의 작은 티끌 같으며 섬들은 떠오르는 먼지 같으리니(사 40:15)"

"하늘은 두루마리가 말리는 것같이 떠나가고 각 산과 섬이 제 자리에서 옮겨지매(계 6:14)"

"각 섬도 없어지고 산악도 간 데 없더라(계 16:20)."

쓰나미 때 **산이 3.8 cm 이동**했습니다. 예수님은 이렇게 말씀하셨습니다.

"내가 진실로 너희에게 이르노니 누구든지 이 산더러 들리어 바다에 던져지라 하며 그 말하는 것이 이루어질 줄 믿고 마음에 의심하지 아니하면 그대로 되리라(막 11:23)."

역사상 쓰나미는 1957년에 알래스카에서 발생했는데, 이때의 시속은 비행기의 속도와 맞먹는 640 km(초속 177 m가 넘음)이었고, 파고는 40 m였다고 합니다.

2005년 4월 18일 광주광역시에 있는 우치공원에서는 이상한 일이 일어났습니다. 신문기사에 의하면 악어들이 육지로 올라온 후 3일 동안 머리를 맞댄 채 조금도 움직이지 않았으며, 뱀은 나무 위로 올라가서 3일 동안 꼼짝하지 않았다고 합니다. 이상하게 여겼는데 3일 후에 일본 후쿠오카에서 강진이 일어났습니다. 이 악어들과 뱀들은 흙으로 지음을 받았기 때문에 땅속에서 일어나는 진동을 3일 전에 알고 대피하였던 것입니다. 수의사를 비롯한 공원 관리직원들은 그때서야 비로소 그들의 행동을 이해할 수 있었던 것입니다.

사람은 하나님의 생기를 받은 귀한 존재입니다. 말씀에 늘 깨어 있어야 겠습니다.

기상청보다 빠른 예보

지난 20일 일본 후쿠오카에서 발생한 강진의 여파는 한반도까지 뒤흔들었다. 당국의 늑장 대처가 비난을 받고 있는 가운데 며칠 전부터 예민하게 반응했던 동물들이 있어 관심을 끌고 있다. 광주시 우치공원 관리사무소 사육사들에 따르면 악어나 뱀 등 일부 동물들이 마치 지진을 예감한 것처럼 기이한 행동을 보였다. 평소 먹이를 먹거나 몸을 말리는 경우를 제외하고는 물속에서 코만 내밀고 있던 악어 여섯 마리가 지진 발생 3일 전인 18일부터 육상으로 올라와 모여 있었고 아나콘다 등 뱀들도 통나무에 올라가 똬리를 튼 채 꼼짝하지 않았다고 한다. 지난해 말 남아시아의 지진해일 때도 태국의 코끼리들이 해일 발생 전에 산 위로 올라가는 기행을 보여 관심을 끈 바 있다. 실제로 북한에서는 앵무새, 말 등을 '지진예견동물'로 키우고 있다. 인간은 왜 둔감할까? 탐욕에 찌들어 재난 불감증에 걸린 게 아닐까?

(국민일보 2005년 5월 20일자 겨자씨)

4장 인간을 통해서 본
창조의 증거들

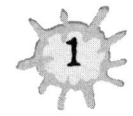

우수한 민족

영국의 권위 있는 기관에서 20여 년간 세계에서 가장 우수한 민족에 대해서 조사를 하였습니다. 여러 항목에 걸쳐서 조사한 결과 3위가 유대 민족, 2위가 베트남 민족, 1위가 한국인이었습니다. 최근에 북한도 이 조사에 응한 결과, 북한이 2위가 되어 자동적으로 2, 3위가 한 단계씩 물러나게 되었습니다. 유대 민족이 가장 우수하지 않음에도 불구하고 세계 지도자 중 20%, 노벨 수상자의 약 31%를 차지하고 있는 것에 대해서 그 원인을 밝히고자 **정태기 교수**(기독교 치유상담 연구원장, 한신대학교 교수, 목사)는 미국에서 일 년간 이에 대해서 연구하였습니다.

연구 결과 우리의 부족한 점은 **첫째, 질문을 하지 않는다는 것입니다.** 이스라엘 어머니들은 자녀들이 학교에서 돌아오면 "너 오늘 무슨 좋은 질문을 하고 왔느냐?"라고 물어봅니다. 우리의 어머니들은 어떤가요? "너 공부 잘했니? 말은 잘 들었어?"라고 묻는 것이 대부분입니다.

성경에 나오는 인물을 보더라도 계속 하나님께 질문했던 사실들을 알수 있습니다. 다윗도 하나님께 지속적으로 모든 하는 일마다 질문을 던졌습니다. 이에 대해서 하나님은 대답하셨습니다. 욥기 12장 7절에 "…모든 짐승에게 물어보라 그것들이 네게 가르치리라…"라고 했는데 앞으로 이 문제에 대해서 깊이 다루고자 합니다. 우리는 자녀나 학생들 혹은 성도들에게 질문한다고 야단치지 말아야 합니다. 또 질문을 받으면 왜 나를 곤란하게 만드느냐고 생각하지 말아야 합니다. 질문을 받으면 끝까지 그것을 붙들고 늘어지면 해답이 나온다고 하는 것이 중요하겠습니다. 수학자가 이론적으로 계산하다 보니 거기에 별이 있어야 했습니다. 그래서 천문학자가 별을 관측해 보니 과연 거기에 별이 있었습니다. 그 별이 명왕성이라고 이름이 지어졌습니다. 질문을 통한 연구와 협력의 결과로 이뤄낸 일입니다.

둘째, 우리는 넓은 마음을 가지지 못했습니다. 좁은 땅에서 단일 민족으로 지내다보니 마음을 넓히지 못한 듯합니다. 마음을 넓히면 부부 사이에, 아버지와 딸 사이에, 아버지와 아들 사이에, 자녀들 사이의 문제가 줄어들 것으로 보입니다. 직장이나 교회에서도 마음을 넓히지 못했기 때문에 상처를 입고, 갈등하고, 불화 속에서 좋은 분위기를 유지 못하고 어렵게 살아가는 것을 볼 수 있습니다.

우리나라는 선거 때만 되면 불거져 나오는 것이 지역 간의 심각한 갈등입니다. 미국의 석학 **로널드 잉글하트**(Ronald Inglehart)는 "두 개의 한국"이라는 사설을 실었습니다. 두 번의 한국 대선을 치룬 후 그는 이렇게 말했습니다.

"세계에서 가장 갈등이 심한 나라가 한국이다. 더군다나 세대 간, 계층 간의 갈등이 가장 심하다."

이제 우리가 마음을 넓혀서 뜻을 같이하고 같은 방향으로 보조를 맞춰 나간다면 우리는 세계의 주목을 끄는 그런 나라, 그런 사회가 될 것을 확신합니다.

시편 119편 32절에 보면 "주께서 내 마음을 넓히시면 내가 주의 계명들의 길로 달려가리이다."라고 하면서 다윗은 지속적으로 하나님께 마음을 넓혀

주시기를 구했습니다. 이러한 다윗은 시편 119편 96절에 "내가 보니 모든 완전한 것이 다 끝이 있어도 주의 계명들은 심히 넓으니이다."라고 고백했습니다. 이로 미루어볼 때 다윗은 넓은 마음을 받았기 때문에 관대한 마음으로 역사의 본받을 만한 많은 업적들을 남긴 것으로 생각됩니다.

그 아들 솔로몬 왕 역시 하나님으로부터 엄청난 선물을 받았습니다. 열왕기상 4장 29절에 "하나님이 솔로몬에게 지혜와 총명을 심히 많이 주시고 또 넓은 마음을 주시되 바닷가의 모래 같이 하시니"라고 했습니다. 넓은 마음을 받은 솔로몬은 잠언 삼천여 가지를 말하였고, 그의 노래는 천다섯 편을 지었으며 또 초목에 대하여 말하되 레바논의 백향목으로부터 담에 나는 우슬초까지 하고, 또 그가 짐승과 새와 기어다니는 것과 물고기에 대하여 말하였습니다. 여기에서 보면 솔로몬은 작곡가요, 국문학자요, 식물학자요, 동물까지 연구한 자연학자였던 것을 알 수 있습니다.

이제 우리는 주님 말씀 안에서 날마다 마음을 넓혀가서 주님의 마음을 닮을 뿐만 아니라 우리 모든 분야에서 지혜를 얻어 삶이 더 윤택해지기를 바랍니다.

퇴직을 앞둔 미국의 존스홉킨스 대학 정치학 교수는 30년 교수직을 하면서 가장 우수한 학생이 유대인들이었고, 그리고 그 다음이 한국 학생들이었다고 말합니다. 30년이 지난 지금 가장 우수한 학생은 한국 학생이라고 합니다. 교수직을 시작하던 때에 자기 클래스에서 가장 우수한 학생들이 유대인이었는데, 30년이 지난 지금 그들이 미국과 세계를 주름잡고 있다고 했습니다. 지금 자기 클래스에서 가장 우수한 학생들은 한국 학생들이기에 30년 뒤에는 이들이 세계의 여론을 주도하게 될 것이 아니겠느냐는 말을 김진홍 목사님에게 들려 주었다고 합니다.

구한말 한국을 방문하였던 영국인 이사벨라 버드 비숍(Isabella Bird Bishop)이 쓴 여행기 『한국과 그 이웃나라들』이라는 제목의 이 여행기에는 한국인들의 총명함에 대해서 다음과 같이 쓰고 있습니다.

"한국인은 총명하고 똑똑한 민족이다. 스코틀랜드식으로 말하자면 말귀를 빨리 알아듣는 자질을 타고 난 국민들이다. 외국인 선교사들은 한결 같이 한국인은 중국인과 일본인보다 훨씬 빨리 외국어를 습득한다고 증언한다."

타고르(Rabindranath Tagore, 1861-1941)[22]는 우리나라를 소재로 한 두 편의 시를 썼습니다("동방(東方)의 등촉(燈燭)", "패자(敗者)의 노래"). 그 중 "패자의 노래"는 최남선의 요청에 의하여 쓴 것이고, "동방의 등촉"[23]은 1929년에 동아일보에 기고한 작품입니다.

동방의 등촉 - 타고르

일찍이 아시아의 황금시기에
빛나던 등촉의 하나인 코리어,
그 등불 한 번 다시 켜지는 날에,
너는 동방의 밝은 빛이 되리라.
마음엔 두려움이 없고,
머리는 높이 쳐들린 곳.
지식은 자유스럽고
좁다란 담벽으로 세계가 조각조각 갈라지지 않은 곳.
진실의 깊은 속에서 말씀이 솟아나는 곳.
끊임없는 노력이 완성을 향해 팔을 벌리는 곳.
지성의 맑은 흐름이
굳어진 습관의 모래 벌판에 길 잃지 않은 곳.
무한히 퍼져 나가는 생각과 행동으로 우리들의 마음이 인도되는 곳.
그러한 자유의 천당으로
나의 마음이 조국 코리어여 깨어나소서.

---

22) 인도의 세계적 시인·철학자·극작가·작곡가. 1909년에 출판한 시집 『기탄잘리』로 1913년 아시아 사람으로는 최초로 노벨 문학상을 받았다.

23) 1929. 4. 2. 동아일보.

말귀를 빨리 알아듣고 총명하기로 인정받는 우리 민족이 '좋은 지도력'을 만나 한마음으로 뜻을 합하기만 한다면 세계에 우뚝 솟는 코리아(Korea)로 이루어 나가게 될 것입니다.

근대화 이후 **우리가 잃어버린 소중한 가치 가운데 하나가 배려입니다.** 우승열패(優勝劣敗)의 신화가 지배하는 사회에서 패자의 자리는 없습니다. 이제 우리는 세계를 향하여 나아가면서 다른 사람들과 잘 어울릴 수 있고, 대화할 수 있고, 배려하고, 존중하는 그런 넓은 마음이 필요하다고 생각됩니다. 이 '넓은 마음', 이것은 자기 힘으로 되는 것은 아닙니다. 하나님 말씀 안에서 늘 자신을 발견하고 같은 피조물인 이웃을 존중하는 마음을 가져야 하고 또 그렇게 기도할 때 우리에게 부어 주실 줄 믿습니다.

공동체의 유익(시편 133편 1절)

"보라 형제가 연합하여 동거함이 어찌 그리 선하고 아름다운고(시 133:1)."
세상에서 가장 중요한 한 단어는 '우리'라고 합니다.

미국 알래스카에서 하와이까지의 거리는 4,500 km로 정도로 서울과 부산 거리의 열 배나 되지만 도중에 쉴 섬도 없어 철새는 대장을 중심으로 멈추지 않고 이동합니다. 과연 그 힘은 어디서 나올까요?

프랑스 국립과학연구소의 **앙리 위메르 스커크 박사**는 미국 알래스카에서 하와이까지 새를 날려 보내는 실험을 하였습니다. 새의 다리에 꼬리표를 달고 지방분 750 g씩을 몸속에 주입하고 날려 보낸 결과입니다. 혼자서 오면 750 g으로 77시간밖에 날지 못하는데 'V'자로 협력해서 날아가면 88시간이나 날 수 있었습니다. 매년 되풀이되는 순환 여행에서 최고 16,000 km까지 생애 최고의 모험을 하게 되는데 750 g으로 4,500 km를 여행하고도 지방이 조금 남았습니다. 이는 태양과 별을 방향 삼아 갈 때 그 태양에서 나오는 뜨거운 열로 철새의 내분비선을 변화시키고 빛의 자극을 받아 이동하는 결과인데 폭풍우 때 쓸 수 있도록 에너지를 절약하여 비행하도록 설계된 하나님의 피조물인 것입니다. 자이로스코프(gyroscope)도 없는데 이렇게 먼 거리를 갔다 오는 것은 창조의 신비와 하나님의 능력인 것입니다.

또한 지쳐서 아래로 처지는 동료 새가 있으면 다른 두 마리가 같이 내려가 힘을 얻을 때까지 함께하는 것을 발견하였습니다. 이와 같이 공동체적인 삶을 사는 철새들의 연합이야말로 우리가 본받아야 할 좋은 모습이라고 생각됩니다.

"공중의 학은 그 정한 시기를 알고 산비둘기와 제비와 두루미는 그들이 올 때를 지키거늘 내 백성은 여호와의 규례를 알지 못하도다(렘 8:7)."

위의 말씀에서와 같이 새들의 이동 시기와 이동 방향의 정확성이 가장 우수하다는 것을 발표하였습니다. 매년 되풀이되는 순환 여행과 일생에 최고로 16,000 km까지 비행한다고 하니 놀라운 일입니다. 더욱 놀라운 사실은 수리(eagle, 鷲(수리 취))와 같이 태양과 별을 방향 삼아 그것을 쳐다보면 그 빛을 받아 내분비선의 변화를 일으키고, 빛의 자극을 일으켜 정확하게 방향을 알고 준비를 철저히 한 후 목숨을 건 이동을 한다는 것입니다. 만일 이 새들이 진화되었다면 어떻게 이렇게 이동 시기와 그 방향을 정확하게 알고 목숨을 건 이동을 할 수 있겠습니까? 이것은 창조 때부터 하나님께서 새 눈의 망막에서 빛을 받으면 햇빛에 반응하는 화학물질(크립토크롬)을 내장시켰기에 가능한 일입니다(새의 눈에는 '정교한 나침반'이 숨어 있음).

또한 여기에서 중요한 것은 **협력과 합력**이라는 사실입니다.

"우리가 알거니와 하나님을 사랑하는 자 곧 그의 뜻대로 부르심을 입은 자들에게는 모든 것이 합력하여 선을 이루느니라(롬 8:28)."

여기에서 '합력'이라는 말은 헬라어로 세 가지의 뜻이 있습니다(첫째, 같이 얽히게 하다, 둘째, 함께 방향을 바꾸다, 셋째, 함께 모으다).

이와 같이 혼자가 아니고 공동체로 같이 얽히게 되면 어떤 고난도 극복하고 더 큰 힘을 쉽게 얻고 함께 방향을 바꾸면 올바른 방향으로 정확하게 갈 수 있을 뿐만 아니라 함께 힘을 모음으로써 힘든 것을 힘든 것이라고 느끼지 못하고 뜻하는 바를 이룰 수 있는 것입니다. 우리도 마찬가지입니다. 교우끼리 서로 합력한다면 말씀대로 선을 이룰 것입니다.

하나님과 나의 관계

"여호와 하나님이 땅의 흙으로 사람을 지으시고 생기를 그 코에 불어넣으시니 사람이 생령이 되니라(창 2:7)."

창세기 2장 7절에서 보는 바와 같이 하나님은 창조주(Creator), 우리는 피조물(Creature)입니다. 하나님은 주님(主)이시고 우리는 주님에 의해서 지음을 받은 종인 것입니다.

인간은 동물과 같은 존재인가요?

인간과 동물이 근본적으로 다른 것은 무엇일까요? 하나님의 생기를 받았느냐, 안 받았느냐입니다. 창세기 2장 7절, 디모데후서 3장 16절을 비교해 보겠습니다.

"여호와 하나님이 땅의 흙으로 사람을 지으시고 생기를 그 코에 불어넣으시니 사람이 생령이 되니라(창 2:7)."

"모든 성경은 하나님의 감동으로 된 것으로 교훈과 책망과 바르게 함과 의로 교육하기에 유익하니(딤후 3:16)"

디모데후서 3장 16절에서 하나님의 감동(헬 : Theopneustos, 영 : God-breathed)이란 '하나님의 생기를 받는다'라는 뜻입니다. 여기에서 보면 하나님의 생기를 받은 사람은 하나님의 생기를 받아 기록된 모든 성경을 이해해야 살아 있는 영, 즉 산 존재인 사람이라고 할 수 있습니다. 동물은 성경을 알지도 이해하지도 못합니다. 이것이 동물과 우리와의 근본적인 가장 중요한 차이점입니다. 그러므로 동물이 진화하여 사람이 된다는 것은 생각할 수 없는 일입니다.

일반적으로 인간이 동물과 다른 점은 무엇일까요?

사람은 '거짓말, 과학, 교육, 근원탐구, 기계 제작(동물은 기구를 만듦), 기도(병아리는 물 한 모금 먹고), 길을 닦음, 꿈, 농사, 도박, 돈을 만들어냄, 불만족(돼지는 밍크옷을 입지 않음), 무역, 문자를 만듦, 법, 별을 봄(개는 달을 쳐다보고, 까마귀는 구름을 쳐다보고 음식을 감춰둔다.), 비판(비교, 분석), 선택, 수학하는 사람, 시간을 만듦, 악, 영생을 사모하는 마음, 예술, 요리, 책을 만듦, 철학, 점성술,정치(투표), 추리, 축산, 통신, 피임, 자살, 자유 추구, 재판하는 인간(절제할 줄 앎), 후회, 회개, 희망' 등을 가집니다.

차원의 문제

개미는 1차원, 바퀴벌레는 2차원, 메뚜기는 3차원의 행동을 합니다. 원을 그리며 움직이는 바퀴벌레(Roach)는 직선운동을 하는 개미(Ant)를 이해할 수 없고, 개미는 바퀴벌레를 이해할 수 없습니다. 폴짝폴짝 뛰는 메뚜기는 직선운동하는 개미나 원을 그리며 도는 바퀴벌레를 이해하지 못합니다. 우리는 지금 어떤 차원에서 생각하며 살고 있나요?

폴 발레리(Paul Valery, 1871-1945)는 **"생각대로 살지 않으면 사는 대로 생각하게 된다."**는 유명한 말을 남겼습니다. 즉 모든 것은 생각에서 비롯되며 생각은 운명을 바꿀 수 있기 때문입니다. 그리스천들이 성경적 세계관으로 살지 않으면 세속적 세계관으로 생각하게 된다는 것입니다. 인류의 역사는 타락의 역사이며 날마다 거룩(구분, 구별)해지지 않으면 타락하게 됩니다. 마치 자전거 페달을 밟지 않으면 넘어지는 것과 마찬가지입니다. 우리가 반드시 구분해야 할 것은 진위, 선악, 미추(美醜), 성속(聖俗), 허실, 경중, 선후, 정오, 본말(本末: 근본과 지엽적인 것), 공사 등입니다.

"존귀하나 깨닫지 못하는 사람은 멸망하는 짐승 같도다(시 49:20)."

깨닫지 못하면 사람은 멸망하는 짐승과 같습니다. 그래서 깨달음이라는 것이 참으로 중요함을 다시 알게 됩니다.

신앙의 기본기를 다지자

"랍브리우트!(하나님이 당신을 창조하신 때의 건강을 회복하세요!)"

이 말은 사전에는 'God bless you!'라고 써 있고, 'good health'라고 생각하나 히브리 대학에서 십 년간 수학하고 학위를 받은 조성욱 박사(2000. 7.)는 위와 같이 깊은 뜻을 안고 있는 인사라고 합니다. 17개국 언어를 구사하는 교수 밑에서 배운 깊은 뉘앙스가 깃든 현대 히브리어입니다. 하나님이 우리를 창조하신 때의 건강은 아무런 질병이 없는 완벽한 상태입니다.

우리가 말을 할 때는 언제나 생기를 동반하게 됩니다. '생명의 영'인 생기는, 바로 생의 고동(鼓動)입니다. 그렇다면 하나님을 의인화했을 때 '스스로 있는 자, 하나님의 말씀은 생기, 영, 영감'이 됩니다. 즉 하나님의 활동장소요 무대입니다.

절명의 위기에 처해 있는 사람들, 갈등 속에 있는 사람들에게 단 한마디의 하나님의 말씀은 그 위기에서 벗어나게 하고, 갈등하던 문제가 없어지게 합니다. '말씀과 영(靈)(생기(生氣))에 의한 생명, 만물의 창조(요한복음 및 창세기의 첫 머리)가 정확한 것임을 이를 통해 알 수 있습니다. 사람의 말은 귀로 듣지만 하나님의 말씀은 눈으로 듣고, 사건(만남) 깊숙이에서 그 말씀이 들려오는 시간이 되기를 바랍니다.

수년 전, 대학생들에게 가장 갖고 싶은 것이 무엇이냐는 설문 조사를 한 바 있습니다. 대다수 학생들은 감동을 받고 싶다고 대답했습니다. 감동이란 헬라어로 'theopneustos(God-breathed)'인데 그 뜻은 '하나님의 생기를 받다' 입니다. 오늘도 마음을 열고 그 감동을 되살리시기 바랍니다.

톨스토이가 경험한 신생(新生)의 체험을 그의 전기작가 트루아야(Henri Troyat)는 "자연과 내가 하나님께 연결되어 있다고 생각할 때 나는 사는 보람을 느낀다."고 한 톨스토이의 고백을 전하고 있습니다. 에머슨(Ralph Waldo Emerson, 1803-1882)의 시를 소개합니다.

자 연

마음을 열고 있는 이에게는
아무리 별이 멀리 있어도
친근하게 느껴지고

경치 좋은 땅을
자기가 소유하고 있지 않아도
그 경치의 아름다움을 느낄 수 있으면
땅의 소유자보다 더 부유하며

어른이 되어서도
어린이 마음을 가지면
빛나는 태양의 아름다운 광채를 보며
매일 감동하는 생활을 한다.

감동은 얼마나 많이 소유했느냐에 있지 않습니다. 하나님이 만드신 자연에 대해서 마음을 열고 생각하기만 하면 우리는 늘 하나님의 생기를 받고 즐겁고 기쁘게 살 수 있습니다. 늘 나이와 관계없이 어린아이 같은 마음을 가지면 매일 뜨는 태양을 보면서 감동하는 생활을 할 수 있습니다.

중국에서 사역하는 한국의 어느 선교사가 중국어 성경으로 지하교인인 중국인에게 창세기 1장 27-28절을 읽어 주었다고 합니다.

"하나님이 자기 형상 곧 하나님의 형상대로 사람을 창조하시되 남자와 여자를 창조하시고 하나님이 그들에게 복을 주시며 하나님이 그들에게 이르시되 생육하고 번성하여 땅에 충만하라 땅을 정복하라 바다의 물고기와 하늘의 새와 땅에 움직이는 모든 생물을 다스리라 하시니라(창 1:27-28)."

그 중국인은 위의 말씀에 나오는 '하나님의 형상'이란 말씀에 눈물을 흘렸다고 합니다. 유물론 사상에 젖어 사람 대접을 받지 못하고 살아온 인생인데 이렇게 하나님의 형상으로 지음을 받았다고 하는 놀라운 복된 말씀을 듣고 크게 감동한 것입니다. 그러면 하나님의 형상대로 우리를 창조하신 하나님은 어떤 분이실까요?

첫째, 영적인 하나님   둘째, 사랑의 하나님

셋째, 창조하시는 하나님   넷째, 공동체로 존재하시는 하나님

저는 2002년 7월에 러시아의 모스크바와 상트베테르부르크를 중심으로 선교여행을 다녀왔습니다. 그때 일행을 안내했던 가이드에 의하면 러시아에서는 감자가 귀한 음식이라고 합니다. 한국 유학생은 모스크바 대학생들이 아침부터 밤 열 시까지 스파르타식 교육을 받는다고 합니다. 식사 메뉴는 아침에 빵 한 개와 감자 두 개. 점심도, 저녁도 동일하다고 합니다. 한국 유학생들이 도저히 견딜 수 없어 남몰래 나와서 간식을 먹고 들어가는데 이때는 밖에서 양치질을 하고 들어간다고 합니다. 왜냐하면 다른 동료 러시아 학생들이 부러워하기 때문입니다.

일행을 안내했던 이 유학생은 한인식당에서 먹고 남은 음식과 열차에서

년도	GNP	증감	수출(단위 : 천)	증감	비교
1961	82		40,878		
1964.10.30	100	22.0%	100,000	144.6%	
1965	105	5.0%	175,082	75.1%	한민족 원년 시대가 열림
1970	254	141.9%	835,185	377.0%	
1975	554	118.1%	5,081,016	508.4%	
1977	1,000	80.5%	10,000,000	96.8%	한국의 기적
1980	1,645	64.5%	17,504,862	75.0%	
1985	2,309	40.4%	30,283,122	73.0%	
1990	6,147	166.2%	65,015,731	114.7%	
1995	11,432	86.0%	125,057,988	92.4%	
2000	10,841	-5.2%	172,267,510	37.8%	
2005	14,098	30.0%	284,418,743	65.1%	
2007	17,690(2006)	25.5%	371,489,086	30.6%	

[표1 한국의 연도별 GNP와 수출][24]

갖고 온 비스켓 류의 과자 등을 비닐봉지에 넣어서 담아가는 것을 보았습니다. 얼마나 우리는 잘 살고 있는지 모르고 있습니다. GNP로 볼 때 세계 10-11위 이내에 있는 우리가 감사한 마음과 감동 없이 살아간다면 이 또한 과거의 역사를 잊고 사는 그런 역사의식이 없는 민족이 될 것입니다.

1950년 6월 25일에 전쟁으로 인해서 피폐화된 한국은 1961년에 GNP가 82달러 정도에 머무르는 절대 빈곤에 허덕이면서 미국의 원조와 하늘만 쳐다보는 농업후진국이었습니다. 당시에 정부의 수출정책에 맞춰 학교에서는 쥐꼬리를 수집하는 숙제를 내기도 하고, 가내 수공업체는 가발을 수집해서 수출하고, 그후에는 인조인형 등을 수출하는 등의 어려운 과정을 통해서 지금에 이르게 되었습니다.

한국산업개발연구원 원장 **백영훈 박사**에 의하면 1960년 초 독일을 방문한 박정희 대통령은 독일 대통령의 안내로 고속도로 아우토반을 달리며 세

---

24) 무역통계(http://www..kita.net), 통계청.

상트페테르부르크의 에르미타주 박물관 앞에서

시간 내내 계속 눈물을 흘렸다고 합니다. 그 곳에서 일하는 우리의 광부들과 간호사들을 만나고 나서 말없이 눈물을 흘리니 독일 대통령이 "우리가 도와드리겠습니다, 박정희 대통령님!" 하면서 계속 눈물을 닦아 주었다고 합니다. 첫 수출품이 가발(어머니의 머리카락을 모아 만든), 플라스틱 제품으로 만든 인조 꽃, 인형, 쥐털(코리안 밍크)이었습니다.

미국의 학자들이 한국의 기적(1977년 수출 100억 달러 달성)에 대해서 연구한 결과 그 원인을 **첫 번째, 문화의 독창성, 두 번째, 어머니 중심의 가정, 세 번째, 어머니의 정, 네 번째, 젊은이의 충성심, 다섯 번째, 교육의 열정, 여섯 번째, 중소기업 정신**으로 들었습니다. 1957년에 수출이 22,202,000 달러도 되지 않던 이 나라가 1961년에는 40,878,000 달러, GNP는 82 달러로 비약적인 발전을 거듭하여 40여 년이 지난 지금은 GDP가 20,240 달러, 수출이 371,489,086,000 달러로 세계 제11위의 순위로 올라섰습니다. 미국의 원조와 유엔군의 파병으로 폐허 위에서 일어선 이 나라를 우리가 잘 지키고 발전시키도록 마음을 모으고 보조를 같이해야 할 것입니다.

"미래는 미래가 있다고 믿는 사람에게만 온다."고 한 **토인비**(Arnold Joseph Toynbee, 1889-1975)의 말대로 미래를 확신하며 나아갑시다.

우리가 믿는 하나님은 어떤 하나님일까요?

탈북한 어느 주체사상가는 한국에 와서 북한에서 주체사상을 가르치며 김일성 어버이라는 말만 해도 눈물을 뚝뚝 떨어뜨리는데 한국의 교인들은 전능하신 하나님을 믿는다고 하면서 하나님 이름을 말해도 아무런 감동없이 덤덤한 표정을 하고 있는 것을 볼 때 이해가 되지 않는다고 말하였습니다. 우리의 마음은 심히 무디어 있습니다. 지금 이 시간 감동을 조금이나마 나누고자 합니다. 우리가 믿는 하나님은 창세기 17장 1절과 창세기 22장 8절, 14절에 잘 나타나 있습니다.

"아브람이 구십구 세 때에 여호와께서 아브람에게 나타나서 그에게 이르시되 나는 전능한 하나님이라 너는 내 앞에서 행하여 완전하라(창 17:1)."

"아브라함이 이르되 내 아들아 번제할 어린 양은 하나님이 자기를 위하여 친히 준비하시리라 하고 두 사람이 함께 나아가서(창 22:8)"

"아브라함이 그 땅 이름을 여호와 이레라 하였으므로 오늘날까지 사람들이 이르기를 여호와의 산에서 준비되리라 하더라(창 22:14)."

창세기 17장 1절에서 '**나타나서**'는 히브리어로 '**이레**(라아에서 온 동사)'이며, 22장 8, 14절에 나오는 '이레'와 같은 의미입니다. 우리나라 성경은 중국 성경을 참조하여 번역하다 보니 축자 번역을 하지 않고, 내용상의 의미로 번역했기 때문에 다르게 표현되어 있으나 그 낱말의 의미는 '보시다'와 '나타나다'로 구분합니다. 이 '라아'의 주어가 하나님이면서 아무 대상이 없이 홀로 행동하실 때의 '여호와 이레'는 '하나님이 보셨다'입니다(창 1:4, 10, 12, 18, 21, 25, 31). 반면에 어떤 대상(사람)에게 행동하실 때의 '여호와 이레'는 '하나님이 누구에게 나타나셨다'입니다(창 12:7, 17:1, 18:1 등). 하나님이 그의 얼굴을 보이시면 사람 편에서는 하나님께서 나타나신 것이 되니까요. 여기에서 하나님은 전능하신 하나님이라고 번역된 '**엘샤다이**'입니다. '엘'은 하나님이고 '샤다이'는 어머니의 젖가슴이란 뜻입니다. 아시는 바와 같이 아기가 태어날 때 어머니의 젖가슴은 아기에게 필요한 모든 사랑이 깃든 영양분을 갖춘 젖입니다.

전능하신 하나님이란 '나는 너희에게 필요한 모든 것을 완벽하게 설계하여 창조한 하나님'이란 뜻으로 해석할 수 있습니다. 갓난아기는 어머니의 젖을 빨 때 젖이 나오면서 성장에 필요한 모든 영양분을 공급받아 뼈와 모든 것을 갖추어 나가도록 완벽하게 설계하신 전능하신 하나님이십니다. 하나님이 우리에게 나타나시면 모든 문제, 모든 고통, 모든 갈등, 모든 좌절 등은 다 없어지게 됩니다. 우리의 삶을 살피시는 하나님이 우리에게 늘 나타나시도록 진심으로 섬기고, 기도하고 나갔으면 합니다.

창세기 22장 8, 14절에 나와 있는 '여호와 이레'는 여호와께서 준비하시리라고 번역되어 있는데 과정을 뺀 결과만으로 해석한 것으로 풀이됩니다. 과정이 중요합니다.

창세기 22장 8절의 '**여호와 이레**'는 '**하나님께서 나타나실 거야.**'라면서 아브라함이 독자 이삭에게 자신의 경험(창 17:1)을 이야기합니다.

"너를 낳기 일 년 전에 '하나님이 나타나셔서(여호와 이레)' '나는 전능한 하나님이니 내 앞에서 행하며 완전하라.'고 하신 대로 순종하며 행동했더니 하나님이 너를 선물로 주셨단다. 이번에도 번제 드리는 데에 아무 문제가 없을 거야. 나에게 약속하신 하나님이 나타나실 거니까."

'여호와 이레'의 '이'는 미완료동사입니다. 히브리어의 미완료동사는 과거와 현재 및 미완료를 나타내는데 문맥에 따라 구분하게 됩니다. 히브리어는 **결과보다 과정을 중시**합니다. 과정에 충실하면 그 결과는 크게 염려하지 않아도 됩니다. 최선을 다했으니까 말입니다.

2002년 7월에 러시아 상트페테르부르크에 있는 '**에르미타주** 박물관(황제들의 겨울 궁전)'을 방문해 거기에 있는 아브라함의 이삭을 바치는 장면의 유화를 유심히 살피고 큰 감동을 받고 온 적이 있습니다.

아브라함이 눈을 뜰 수 없어 이를 악물고 눈을 감은 채 독자 이삭을 찌르는 장면에서 아브라함의 마음은 어떠했을까요? 하나님의 말씀에 순종하여 찌르려고 할 때 "Here I am!", 즉 "God appear" 하신 것입니다. 즉 순종하는지를 보고 계시던 하나님이 내가 여기 있다 하시며 자신을 드러내시며 "아브라함아, 아브라함아! 그 아이에게 네 손을 대지 마라. 그에게 아무 일도 하지 말아라. 네가 하나밖에 없는 네 외아들까지 아끼지 않았으니 네가 하나님을 두려워하는 줄을 내가 이제야 알았다."라고 말씀하셨습니다. 하나님은 우리의 마음을 원하십니다.

"내가 바라는 것은 이삭이 아니라 네 마음이다."

여기에서 볼 때 하나님이 보고 계시지 않았으면 어떻게 순종하는지 안 하는지 아시겠으며 이와 같이 말할 수 있었겠습니까! 고개를 숙이고 칼을 들어 눈을 감고 찌르려던 아브라함이 그 순간 고개를 들고 주위를 살펴보니 뒤에 숫양 한 마리가 그 뿔이 수풀에 걸려 있는 것을 보게 됩니다. 아브라함이 '끝까지 순종'하므로 아들을 제물로 바치려던 '시험'은 쓸모없게 된 것'입니다.

이와 같이 하나님이 우리 가정과 일터와 삶의 현장에 나타나시면 모든 문제는 없어지는 것입니다. 우리가 과정을 무시하고 결과만을 생각할 때가 너무나 많습니다. 여호와 이레가 '하나님이 준비하신다'는 뜻으로만 생각할 때 자칫 잘못하면 우리의 순종 없이 이런 결과만을 의지하는 나약한 신앙이 될 수도 있습니다. 하나님 앞에 무릎을 꿇는(복의 근원', '복' 히 : bereka) 순종을 통해서 하나님은 우리에게 나타나시리라고 하는 그 과정을 우리가 깊이 마음에 새기고 나가야 할 우리의 신앙자세가 되어야 한다고 확신하고 있습니다.

한국 교인들의 문제는 하나님을 믿으면서 그 말씀 속에 모든 문제의 해답이 있다는 것을 모르며, 또 그 해답이 없다고 착각하는 것이라고 합니다. 하지만 성경은 많은 증거와 그 자체의 주장에 의해 확증된 하나님의 말씀입니다.

미국 스탠다드 오일 회사의 한 중역은 어느날 아침 출애굽기 2장을 읽다가 모세를 나일강에 띄운 갈 상자라는 데 그 눈길이 멈춥니다. 지금까지 출애굽기 2장을 읽은 사람은 20억 명이 넘겠지만, 유독 이 중역만이 갈 상자에 그 눈길이 멈추면서 기도가 끝나자마자 회사의 전문가를 이집트 나일강으로 파견하여 석유 매장 여부를 조사하게 합니다. 왜냐하면 갈 상자에 바른 '역청'은 석유, 가스, 아스팔트로 쓰이는 유용한 물질로써 역청이 있는 곳에는 석유가 있기 때문에 용단을 내린 것입니다. 이 회사는 이 중역의 신앙과 결단에 의해서 세계에 우뚝 솟는 대기업으로 성장했습니다.

피터 드러커(Peter Drucker) 교수는 93세에 쓴 『Next Society』라는 자신의 저서에서 기업가 정신을 가장 잘 실천하는 나라는 한국이라고 했습니다. 이에 대해서 그 이유를 묻는 미국 기자에게 그는 다음과 같이 그 이유를 밝혔습니다.

첫째, 일본이 우리나라를 지배할 때에 고등교육을 실시하지 않아 기업

다운 기업이 없었고, 둘째, 해방 후 5년이 되어 발발한 6·25동란 때는 거의 나라의 기반시설이 대부분 다 파괴되었습니다. 그런데 오늘날 한국은 24개 가량의 산업에서 세계 일류(一流) 수준이고, 조선과 몇몇 분야에서는 세계 선두 주자라고 했습니다. 이로 미루어볼 때 이것은 지금 70대 이상 되시는 우리의 선배, 믿음의 선진들이 기업가 정신이 투철하고, 기업가 활동이 왕성했기 때문입니다.

그러면 기업가 정신이 무엇이겠습니까? **"첫째, 개척 정신, 둘째, 창조 정신, 셋째, 공동체 정신"**이라고 김진홍 목사님은 밝히고 있습니다. 이 세 가지는 모두 성경의 내용과 일치합니다.

"네가 자기의 일에 능숙한 사람을 보았느냐 이러한 사람은 왕 앞에 설 것이요 천한 자 앞에 서지 아니하리라(잠 22:29)."

이제 다시 한 번 마음을 다 잡고 하나님께 순종하면서 기업가 정신을 최대한 발휘해야 할 때라고 생각합니다. 하나님이 주신 복을 나누어 주며 선교에 더욱 힘쓰는 선교 제일의 국가가 되기를 갈망합니다.

배아(胚芽)는 생명체인가?(시편 139편 16절)

"보라 그때에 하나님의 사람이 여호와의 말씀으로 말미암아 유다에서부터 벧엘에 이르니 마침 여로보암이 제단 곁에 서서 분향하는지라 하나님의 사람이 제단을 향하여 여호와의 말씀으로 외쳐 이르되 제단아 제단아 여호와께서 이와 같이 말씀하시기를 다윗의 집에 요시야라 이름하는 아들을 낳으리니 그가 네 위에 분향하는 산당 제사장을 네 위에서 제물로 바칠 것이요 또 사람의 뼈를 네 위에서 사르리라 하셨느니라 하고(왕상 13:1-2)"

위의 말씀과 같이 먼 훗날 요시야의 탄생과 그의 생애에 일어날 사건들에 관한 예언이 나옵니다. 이것은 요시야가 탄생하기 300년 전인 BC 930년에 예언된 것입니다. 우리 하나님은 참으로 놀라운 분이십니다. 하나님께서는 아직 존재하지도 않은 것을 있는 것처럼 부르십니다. 특별히 그 이름까지 정확히 부르시면서 말입니다.

인간 배아줄기세포 연구는 한창 논란이 되고 있는 초미의 관심사입니다. 배아줄기세포 연구의 대안으로 성체줄기세포 연구를 제시한 강경선 교수(서울대 수의과)는 '수태 순간이 바로 하나님이 생기를 불어넣어 주신 때'라고 분명하게 말합니다. 질병을 정복하고 싶어 하는 인간의 욕구, 그 욕구가 욕심으로 변하여 생명의 무게까지 인간 스스로가 달기 시작한 것은 오랩니다. 돈이나 권력을 가진 자에 의하여 배우지 못하고, 가지지 못한 자의 존엄성이 눌린 것은 사실입니다. 그렇다고 해서 세상의 빛을 보지 못한 배아라는 생명체의 존엄성까지 인간이 '주민등록증' 발급하듯 줄 수 있는 것일까요? 발생한 지 14일이 지나면 생명으로 존중받고, 14일 이전에는 실험용 몰몬트가 될 수 있다는 주장은 감히 누가 할 수 있는 것일까요?

"내가 죄악 중에서 출생하였음이여 어머니가 죄 중에서 나를 잉태하였나이다(시 51:5)."

여기에서 잉태란 히브리어로 '야함(성교하다)'인데 아기가 생긴 시점은 성교 시 사정된 정자가 난자를 만나서 수정란이 만들어지는 시점입니다. 즉 정자와 난자가 만나 자궁에 착상하는 과정 전체를 포괄적으로 묘사하고 있는 것입니다. 여기에서 '나'란 히브리어로 '살아 있는 인격적 주체', 즉 영혼을 지니고 있다는 뜻입니다.

잉태 후 출산에 이르기까지 자궁 속의 생명체가 영혼을 가진 인격적 주체인 '나'가 되려면 수정이 이루어지는 순간 영혼이 들어와야 합니다.

"내 형질이 이루어지기 전에 주의 눈이 보셨으며(your eyes saw my unformed body)(시 139:16)"

여기에서 '나'는 인격적인 존재라는 것을 말하고 '형질(形質)'은 영어로는 'unformed body', 히브리어로는 '갈렘', 즉 'embryo(배아)'를 말합니다. 편의상 학자들은 수정과정을 다음과 같이 나눕니다.

"수정란→상실배→배반포→배아→태아→신생아"

그러므로 하나님께서는 수정란이 되기 전에 하나님은 보고 계셨다는 뜻이 됩니다. 수정란은 정자와 난자가 만나 완전한 유전자를 형성, 세포 분화가 시작되는 단계를 말합니다. 상실배는 수정 후 3~4일 시점으로 자궁에 착상되기 전 단계를 말하고, 배반포는 수정 후 7일 정도 시점으로 자궁에 착상하는 단계를 말합니다. 배아는 수정 후 14일 시점으로 신경세포 등 분화가 나타나는 단계입니다. 그래서 이 시점에서 줄기세포를 추출합니다. 태아는 수정 후 8주 정도 시점으로 신체 각 기관의 분화가 시작돼 사람의 형체가 이뤄지는 단계를 말합니다. 신생아는 출산 직후부터 모체 밖의 생활에 적응할 때까지의 단계를 말합니다.

만일 배아 이전의 사람 형체로 보이지 않는다고 하여 죽인다면 사람을 죽이는 무서운 죄를 범하게 되는 것입니다. 즉 이 과정은 하나의 연속된 과정입니다. 수정란이 생명이 없다면 배아는 어떻게 생명체가 될까요? 하나님께서는 아직 존재하지도 않은 것을 있는 것처럼 부르십니다(시 139:16). 특별히 그 이름까지 정확히 부르시면서 말입니다.

과거, 현재, 미래를 주관하시는 하나님은 그의 뜻을 성취하기 위해 인간의 마음을 움직이고 인간의 사건들을 다루십니다. 그분의 뜻은 예언된 대로 정확하게 이루어집니다. 왜 우리는 때때로 우리의 작은 머리로 그분을 판단하려 하며, 그분 앞에 무릎 꿇고 굴복하기를 거절할까요? 왜 그분을 창조주로, 역사의 주관자로, 왕 중의 왕으로 높이지 않는 것일까요?

과학의 진전에 있어 중요한 발견은 대부분 창조과학자들에 의해 이루어졌고, 그들은 실험을 통해 법칙들을 찾아내었습니다. 그러나 진화론자들은 추론에 의해 이론을 만들었을 뿐더러 자기들의 생각에 맞도록 결과를 조작하기도 합니다. 진화론은 당사자가 없습니다. 그래서 가정(假定)을 세우고 추측을 하면서 이론을 펼쳐나갑니다. 막말도 하게 되는 것입니다.

그러나 창조론은 막말을 할 수 없습니다. 당사자가 있고, 판단할 근거가 성경에 기록되어 있기 때문입니다. 즉 하나님의 이야기(Theory, 헬라어의 하나님인 '데오스'에서 따온 theo와 story의 ry를 합친 단어)는 창세기 1장 3절에서 'and

God said'으로 표현되었는데 이것이 곧 이론입니다. 그러므로 우리는 근거가 되는 그 이론을 가지고 판단해야 됩니다.

"신령한 자는 모든 것을 판단하나 자기는 아무에게도 판단을 받지 아니하느니라(고전 2:15)."

여기에서 판단은 '시험, 연구, 조사, 질문, 판단, 평가'라는 헬라어의 뜻입니다.

첫째, 우리는 이를 근거로 정직하게 판단하면 만사가 해결될 줄 믿습니다.

"여호와께서 이와 같이 말씀하시니라 내가 주야와 맺은 언약이 없다든지 천지의 법칙을 내가 정하지 아니하였다면(렘 33:25)"

'천지의 법칙'은 자연법칙(우주 만물의 법칙)이라는 히브리어의 뜻을 가지고 있으며 '주야와 맺은 언약'은 낮과 밤의 질서를 의미합니다. 여기에서 케플러 (Johannes Kepler, 1571-1630)는 하나님이 이 세상을 창조하실 때 우주에는 질서와 조화가 있고, 천지의 법칙이 존재한다는 사실에서 **태양계 내의 우주의 법칙**을 제안했던 것입니다.

"네가 하늘의 궤도를 아느냐 하늘로 하여금 그 법칙을 땅에 베풀게 하겠느냐(욥 38:33)."

여기에서 '하늘의 궤도'는 천지의 법칙, 즉 우주 만물의 법칙을 뜻하는 히브리어 단어입니다. 하나님은 욥에게 "내가 우주 만물의 법칙을 만들었노라."라고 확인시켜 주십니다.

(1) 동정녀인가 아닌가?

창세기 24장 16절에는 이삭의 아내가 될 사람을 저자는 '처녀(bethulah)'라고 했고, 43절에서 아브라함의 종은 주인의 며느리감임을 알 수 있도록 '결혼하지 않은 젊은 여자(almah)'라고 했습니다. 같은 사람인 리브가를 달리 표현했는데 만일 리브가가 처녀가 아니라면 어떻게 되었을까요?

창세기 38장 24절에서 유다는 친정에 가 있는 과부인 자부가 임신했다는 소식을 전해 듣고 그녀를 끌어내어 불에 태워 죽이라고 했습니다. 그 답은 알 만하지 않습니까?

창세기 40장 8절에서 요셉은 "해석은 하나님께 있다."고 했습니다. "모든 해답은 창세기에 있습니다(Answers in Genesis)." 그 당시에는 처녀와 결혼하지 않은 젊은 여자를 혼용하여 사용한 것임을 알 수 있습니다.

예수님이 오시기 750년 전에 오실 메시아의 동정녀 탄생에 대하여 이사야 선지자는 이미 다음과 같이 예언하였습니다.

"그러므로 주께서 친히 징조를 너희에게 주실 것이라 보라 처녀가 잉태하여 아들을 낳을 것이요 그의 이름을 임마누엘이라 하리라 하나님이 우리와 같이 계심이라(사 7:14)."

'virgin(헬라어로 '파르테노스')'으로 번역된 히브리 단어 '알마'는 일반적으로 '결혼하지 않은 젊은 여인'을 의미합니다. 처녀가 잉태하여 아들을 낳을 것인데 그 아이의 이름을 임마누엘(하나님께서 우리와 함께 하심)이라고 하라는 것입니다. 바로 메시아 예언이 아니고 무엇이겠습니까? 한편 성령으로 잉태되어 여자의 후손으로 오실 메시아에 관한 최초의 예언은 이미 창세기 3장 15절에 있습니다. 그것은 이사야 7장 14절과 일맥상통하는 예언임을 보여 줍니다.

"내가 너로 여자와 원수가 되게 하고 네 후손도 여자의 후손과 원수가 되게 하리니 여자의 후손은 네 머리를 상하게 할 것이요 너는 그의 발꿈치를 상하게 할 것이니라 하시고(창 3:15)"

사탄은 여자의 후손에게서 탄생한 예수(her seed)를 십자가에 못 박을 것이지만, 그 때문에 결국에는 치명타를 당할 것임을 암시한 내용입니다. 성경 어느 곳에서나 히브리 어느 문학서에서도 여자의 씨(her seed)라는 표현은 없습니다. 왜냐하면 상식적으로 잉태케 하는 씨는 남자의 정자(his seed, the sperm of a man)를 가리키기 때문입니다. 여자의 씨로부터 초자연적으로 탄생할 메시아에 대한 선포는 그 시대적 배경으로 보아 전례가 없는 아주 특별한 표현 방식이었습니다.

성경비평가들은 이사야 7장 14절의 전후 문맥으로 보아 그것이 메시아적 예언이 아닐 것이라고 주장하기도 합니다. 하지만 이사야서나 다른 여러 선지서에서 흔히 나타나는 성령의 이중적, 삼중적 조명(double and triple reference by Holy Spirit, 즉 가까이 이루어질 역사적 사건을 비추어서 앞으로 도래할 메시아에 관한 예언을 하는 것)으로 본다면, 그 예언도 그런 맥락으로 이해될 수 있습니다. 그 시대에 그 여자가 그후에 결혼하여 낳은 아들의 이름을 임마누엘이라 지었고 그와 관련하여 그 당대의 사람들에게 하나님의 예언이 얼마나 정확하게 성취되는지 의도적으로 보여 주신 것일 수도 있습니다.

하지만 이 구절은 그 사건을 통하여 훗날 다윗의 가계에 참 '임마누엘'되시는 메시아가 동정녀로부터 오실 것임을 이중적으로 조명해 주고 있습니다. 그것이 직접적이든 이중적이든 메시아에 관한 예언인 것만은 분명합니다. 특히 이 예언이 아하스 왕 개인에게 국한된 것이 아니라 다윗의 가계에 대한 것임을 주목해야 합니다.[25]

성경의 오류와 문제점들을 공격하는 사람들이 자주 인용하는 또 하나의 예를 든다면, 창세기 2장 19절에 아담이 지음을 받은 후 하와가 지음을 받기 전에 나오는 "여호와 하나님이 흙으로 각종 들짐승과 공중의 각종 새를 지으시고"라는 구절입니다. 그것을 창세기 1장 25~26절의 모든 땅의 짐승들이 먼저 만들어지고 맨 마지막으로 사람이 지음을 받았다는 내용과 순서상 모순이 된다고 주장하는 것입니다. 하지만 이는 창세기 2장 19절의 '지으시고'의 시제가 히브리어 과거분사 'had formed'임을 안다면, 그 들짐승과 새들은 이미 아담 이전에 지음을 받은 것으로 쉽게 이해될 수 있습니다. 한글 성

---

25) 김무현 저, 『성경적 세계관 세우기』(말씀과 만남사, 2004,) pp.210-212.　.

경으로는 물론 그러한 시제의 정확한 구분이 불가능합니다.

창세기 1장은 **하나님의 관점**(big picture)에서 세상 만물이 어떻게 창조되었는가(overview of the whole)를 순서대로 기술한 것이고, 2장은 **사람의 관점**(man's perspective)과 에덴동산을 중심으로 기록된 것입니다(그렇기 때문에 창세기 2장 19-20절도 아담이 에덴동산을 중심으로 그와 관계를 갖고 사는 모든 동물의 이름을 지었다는 것으로 해석함이 타당함). 결론적으로 1장과 2장은 서로 관점이 다르지 모순 관계가 아니라는 것입니다. 예수님께서도 마태복음 19장 4~5절에서 창세기 1장 27절과 2장 24절을 동시에 인용하심으로 창세기 1~2장이 모두 하나님의 계시 하에 오류 없이 기록된 것임을 증명해 주셨습니다.

"그러나 율법의 한 획이 떨어짐보다 천지가 없어짐이 쉬우리라(눅 16:17)."[26]

학자 중에는 '이미 이루어진' 자연계의 창조(창 1:1, 골 1:16)와 '일어나고 있는'창조(중생, 삶과 인격의 변화, 고후 5:17, 갈 6:15)를 구분하지 못하고 있습니다. 하나님의 창조는 단일회적인 사건일 뿐만 아니라 지금도 창조가 '계속되고' 있다고 하니 참으로 어처구니가 없는 일입니다.

앞으로 일어날 새 창조(새 하늘과 새 땅)는 베드로후서 3장 13절, 요한계시록 21장 1~5절에 기록되어 있습니다.

(2) 창조와 천지의 법칙[27]

창조사역은 하나님과 그 분이 사용하신 법칙에 의하여 조절되었습니다. 이 창조의 원리는 지금까지 계속되지는 않습니다. 하나님께서는 창조사역을 끝마치시고, 쉬시기 전에 그것이 매우 좋다고 생각하셨습니다. 비록 창조의 법칙은 알 수 없으나 창조된 우주 안에 있는 '자연(우주 만물)'의 법칙은 알 수 있습니다.

---

26) 위의 책, p.140.

27) 테이스 피터슨 저, 『밝혀진 만물기원과 창조신비』(나침반 사, 1996), pp.40-41.

우주 속에서 작용하는 우주 만물의 법칙은 하나님께서 홀로 세우신 원리들을 통하여 하나님에 의해 통제됩니다. 중력, 핵물리, 광자역학, 질량, 소리, 그리고 에너지 등 이 모든 것들이 하나님의 우주 만물의 법칙에 의해 조절됩니다. 우리 인간은 그들 중 대부분을 이해할 수 없습니다. 단지 제한된 정도만을 분석할 수 있을 뿐입니다.

"…그의 능력의 말씀으로 만물을 붙드시며…(히 1:3)"

"…그분은 능력 있는 말씀으로 만물을 보전하시며…(히 1:3, 현대인의 성경)"

우리는 하나님의 일을 과다하게 신비화하는 경향이 있습니다. 하나님의 모든 '초자연적인' 활동은 그분의 능력과 성품 안에서는 완전히 '자연적'입니다. 그분은 일관되며 변덕스럽지 않습니다.

생각해 봅시다! 만일 초자연적이라 하는 사건들을 우리가 이해할 수 있는 자연 현상의 골격 안에서 설명할 수 있다면, 그들 뒤에 감추어져 있는 신성하고도 기적적인 지혜가 감소됩니까?

인류가 피조물을 발견하고 분석하며 이용함에 따라 지식과 과학의 신이 만들어지는 경향이 있습니다. 그러나 하나님의 질서를 깨달은 사람에게는 그러한 발견이 참 창조주의 계시에 이르는 문(門)입니다.

"그 안에는 지혜와 지식의 모든 보화가 감추어져 있느니라(골 2:3)."

다음 구절을 묵상합시다.

"감추어진 일은 우리 하나님 여호와께 속하였거니와 나타난 일은 영원히 우리와 우리 자손에게 속하였나니 이는 우리에게 이 율법의 모든 말씀을 행하게 하심이니(신 29:29)"

우리의 마음을 바꿔야 합니다. 그것은 쉽지 않습니다. 우리의 지식은 어려서부터 배우고 보강된 것의 산물입니다. 새로운 개념을 대했을 때, 우리는 자연적으로 방어적인 자세를 취합니다. 그러나 여기에 우리의 영적·과학적

성숙도를 시험해 볼 좋은 기회가 있습니다.

'만물의 점진적인 진보'라는 개념은 모든 주제에 대한 우리들의 생각에 침투하였습니다. 이 책을 통해서 이 미묘한 철학이, 견고한 과학에 기초를 두지 않고 독단적인 신조(信條)에 바탕을 둔 것임을 발견하게 될 것입니다.

현대는 우세한 독단에 따르지 않는 사람을 일반적 사상에 따르지 않는 바보(비주류)라고 부르는 것 같습니다. 과학이라 잘못 불리어지는 이론에 의해 받는 압력 때문에 유감스럽게도 많은 그리스도인들이 성경과 진화론을 조화시키려는 시도로 성경을 재해석하고 있습니다. 그리하여 하나님께서 전혀 의도하지 않으신 설명이 도출됩니다. '모든'이 '어떤'으로, 한정적인 '했다'가 진행형의 '한다'로, 그리고 실화가 상징적인 시로 변하였습니다.

이 모든 일은 진실된 과학 이론의 특성을 갖고 있지도 않은 어떤 개념을 수용하기 위한 의도로 행해졌습니다. 모든 부분이 이방 문화의 신화와 같이 각색되었습니다. 우리는 그 모든 환상을 경건하게 받아들이든지 아니면 이상한 사람으로 취급받아야 합니다. 그러나 정말로 이상한 사람은 누구입니까?

우리는 모든 증거를 객관적으로 조사해야 합니다. 그 위에 가능한 모든 하나님의 계시를 더해야만 합니다. 그후에야 우리는 현실 세계와 모든 정교한 품목들을 도안하고 이것들에 생기를 주신 분에 대한 높은 시각을 갖게 될 것입니다.

현미경 안의 세포와 '보이지 않는' 원자의 복잡한 미시 세계로부터 측정할 수 없이 광대한 우주에 이르기까지의 모든 피조물에서 우리는 창조와 질서, 계획과 우주 만물의 법칙을 볼 수 있습니다.

실험을 통해 찾아낸 법칙들은 **파스퇴르**(Louis Pasteur, 1822-1895)의 생명속생설, **멘델**(Mendel, Gregor Johan, 1822-1884)의 유전 법칙(시 139:16), 종의 분류체계(창 1:11, 21, 25 등)입니다. 그 외에 대표적인 창조 이론으로는 **버**

효(Rudolf Verchow, 1821-1902) 등의 세포설, 지층과 화석의 생성에 대한 **큐비에**(George Civier, 1776-1832)의 격변설, 우주의 기원 등에 대한 **켈빈**(William Thomson, 1824-1907) 등의 열역학법칙과 **아인슈타인**(Albert Einstein, 1879-1955)의 질량-에너지 전환법칙, **코페르니쿠스**(Nicolaus Copernicus, 1473-1543), **갈릴레이**(Galileo Galilei, 1564-1642), **케플러**(Johannes Kepler, 1571-1630), **뉴턴**(Isaac Newton, 1642-1727) 등의 우주법칙 등을 들 수 있습니다. 따라서 성경적 창조론은 우주와 생명의 기원은 물론 동식물의 다양성, 우주론, 지질학 및 현재 기후의 조성 등을 이해하는 데 필수적이라 할 수 있습니다. 자연에 나타난 증거들이 하나님을 아는 것을 도울 수 있을 뿐만 아니라 적어도 하나님을 아는 것을 방해하는 것들을 제거하는 역할을 합니다. 성경이 과학책은 아니지만 과학적 사실에 대해서는 올바르게 기록되어 있다는 것을 소개합니다.

만일 현 과학의 패러다임으로 뿌리를 내린 진화가 과학적 사실이라면 창세기의 창조 내용이 근거 없는 비과학적인 것으로 결론이 나게 될 것입니다. 하지만 과학이 발전하면 할수록 진화론의 문제점들만이 더욱 부각되고 있는 실정입니다.

어윈 문 박사(Erwin Moon, 무디 과학연구소의 전 소장)는 "내가 일생동안 성경의 첫 페이지부터 끝까지 수차례에 걸쳐 과학적으로 어떤 문제나 모순이 있는지 면밀히 검토하여 보았으나 그러한 오류를 찾을 수 없었다."라고 고백합니다.

"너 인자야 주 여호와께서 이스라엘 땅에 관하여 이같이 말씀하셨느니라 끝났도다 이 땅 사방의 일이 끝났도다(겔 7:2)."

"여호와께서 열방을 향하여 기치를 세우시고 이스라엘의 쫓긴 자들을 모으시며 땅 사방에서 유다의 흩어진 자들을 모으시리니(사 11:12)"

에스겔 7장 2절과 이사야 11장 12절에 '땅 사방'은 영어로 '네 구석들(four

corners, 히 : 카나프)'로 번역되어 있습니다. 이 때문에 많은 사람들이 '성경은 지구가 사각형으로 되어 있다고 하니 비과학적이고 오류가 있다.'라고 비웃었습니다. 하지만 'corners'로 번역된 히브리어 '카나프'의 일반적 의미는 '극한(extremity), 최극단, 가장(변두리)'입니다.

"그 소리를 천하에 펼치시며 번갯불을 땅 끝까지 이르게 하시고(욥 37:3)"

"그것으로 땅 끝을 붙잡고 악한 자들을 그 땅에서 떨쳐 버린 일이 있었느냐(욥 38:13)"

이 '카나프'는 욥기 37장 3절과 38장 13절에서도 쓰였는데 그곳에서는 '땅끝(ends)'으로 번역되었습니다. '땅끝'이라는 번역도 땅에 끝이 있는 것처럼 잘못 전달될 위험이 있습니다. 즉 욥기 37장 3절은 '빛으로 아주 먼 곳(extremity)까지 이르게 하시고'란 뜻입니다.[28]

하나님께서 정말로 4 corners를 가진 사각형을 말하고자 했다면 '파무드'라는 정확한 뜻의 히브리 단어를 주셨을 것입니다. 히브리 원어의 부적절한 번역 표현으로 발생된 오해들입니다.

미국 캘리포니아대학교 교수인 **피터 스토너**(Peter Stoner, 수학자, 천문학자)는 "창세기의 기록은 명백히 현대과학과 일치하고 있다."고 했습니다. 그러므로 창조는 과학, 진화는 비과학인 것입니다.

저는 창조신앙 회복을 위해 기도하기를 제창합니다.

"구하라 그리하면 너희에게 주실 것이요 찾으라 그리하면 찾아낼 것이요 문을 두드리라 그리하면 너희에게 열릴 것이니(마 7:7)"

늘 말씀을 읽고, 그 내용을 살피고, 그 말씀을 적용해 나가는 가운데 무시로 기도하는 습관을 들인다면 얼마나 좋을까요?

"내 눈이 항상 여호와를 바라봄은 내 발을 그물에서 벗어나게 하실 것임이로다(시 25:15)."

---

28) 김무현, 『성경적 세계관 세우기』(말씀과 만남사, 2004), pp.116-117.

5장 창조론과 진화론!

끝이 없는 전쟁

진화론, 교회를 위협하다

과학적으로 증명할 수 없는 우주와 인류의 기원에 대하여 단호하게 하나님의 창조를 선포하고 있는 말씀입니다. 성경은 오직 일관되게 하나님의 섭리와 계획에 따른 창조 사실을 증거하고 있습니다. 그러므로 모든 것이 우연에 의해서 오랫동안 저절로 생겨났다는 진화론은 성경의 가르침과 정면으로 위배됩니다. 안타까운 점은 많은 학교, 심지어 교회에서도 진화론의 허구성을 충분히 이해하지 못하고, 진화론의 영향을 받아 소위 유신론적 진화론을 믿고 있거나 성경적 6일 창조를 가르치되 참 과학이라고 할 수 없는 진화론의 영향에 눌려 그 목소리를 높이지 못하고 있는 현실입니다. 지금 교회는 어떻게 해야 할까요? 비과학인 진화론에 속수무책으로 당하고만 있어야 할까요?

하나님의 말씀을 밑바닥에서부터 변질시키는 데에 기여한 **다윈**(Charles Robert Darwin, 1809-1882)의 무덤은 **웨스트민스터 사원**의 건물 바닥 밑에 모셔져 있고, 영국의 위대한 종교 개혁자로서 하나님의 말씀을 지키기 위해서 세상과 어떤 타협도 하지 않았던 **존 낙스**(John Knox, 1513-1572)의 무덤은 현재 주차장으로 전락해 있습니다. 교회에서 창조론을 가르쳐야 하지 않겠습니까?

창세기 1장 1절은 '우주 만물의 시작'을 선포합니다. 진화론의 본질은 무신론입니다.

· 진화론이 성경과 조화되지 못하는 이유

첫째, 하나님께서 각 생물을 그 종류대로 창조하셨습니다. 창세기 1장에서 열 번이나 강조했습니다(씨 맺는 채소, 씨 가진 열매 맺는 나무를 내라 : 처음부터 고등식물임).

창세기 1장 11절의 핵심은 '씨(seed)'와 '종류(kind)'인데 '씨'는 생물체의 복제를 계속할 수 있도록 계획되어 입력된 DNA입니다. 이 DNA는 '같은 종의 재생산', 즉 종안(種內, 같은 종)에서 변이가 있을 가능성을 일깨워 주는 것으로 같은 종이 아닌 다른 종으로의 변이나 거기에서 새로운 다른 종으로 진화(변이)할 수 있다는 것을 배제하는 놀랍고도 굉장한 설명입니다.

민들레 씨가 안전하게 퍼져서 착지하는 낙하 기술을 보고 낙하산을 개발한 사례를 통해서 민들레가 처음부터 진화된 식물이 아니라 고등식물이었음을 알 수 있습니다.

둘째, 하나님께서 우주 만물을 창조 후에 안식을 취하셨다고 기록합니다. 창세기 2장 1절은 창조한 후 안식하며 창조된 상태를 보존하고 쉬신 것이므로 그 기간은 길지 않은 것으로 생각됩니다. 따라서 지질학적 연대와 생물의 점진적인 진화의 가능성을 배제하고 있습니다.

셋째, 하나님께서 자신의 창조물(피조물)을 보시기에 매우 좋았다고 선언하심으로 수억 년 동안 피비린내 나는 적자생존의 과정을 거쳐야 하는 진화의 가능성을 부정합니다.

넷째, 예수님 자신이 직접 창세기의 창조기록을 역사적 사실로 취급합니다. 진화론적 사고에 익숙하여 창조의 하루를 수억 년씩 생각한다면 하나님은 수억 년을 안식하셨다는 결론이 되는 것입니다. 성경은 인간이 상상하여 쓸 수 있는 글이 아닙니다. 여기서 성경의 위대함이 있음을 발견하게 됩니다.

《타임*Times*》 지에 소개된 다음의 기사는 무서운 음모가 자행되어 왔으며 지금도 진행되고 있음을 잘 보여 줍니다.

인본주의자의 선언문 제1조는 '학교에서는 창조의 증거를 가르치지 않는다.'입니다. 왜냐하면 현대 교육은 인본주의에 그 기초를 두고 있기 때문입니다. 인본주의는 출발부터 하나님이 없다고 전제하며 동시에 우주와 그 안에 있는 모든 것들이 저절로 우연히 생겨났다고 믿고 있는 신념의 체계입니다. 시편 10장 4절에 "악인은 그의 교만한 얼굴로 말하기를 여호와께서 이를 감찰하지 아니하신다 하며 그의 모든 사상에 하나님이 없다 하나이다."라고 기록합니다. 그러므로 하나님이 없다고 하는 사람은 악인이므로 우리가 복음을 전해야 할 대상이 너무도 많은 것입니다.

진화론적 사상이 현대 교육의 기초를 형성하고 있으므로 소위 현대 교육을 받은 우리는 모두가 알게 모르게 진화론적 교육을 받은 셈입니다. 그렇다면 현대 교육을 받은 그리스도인들이 부활을 믿으면서 또한 동시에 진화론을 사실로 받아들이는 것이 과연 가능한 일일까요? 왜냐하면 부활은 한마디로 죽음을 이긴 사건이며 그 죽음은 인간의 죄악으로 인해 이 땅에 생겨난 것이기 때문입니다. 결국 부활이란 죄로부터의 해방을 뜻합니다. 그러나 여기에 진화론적 사상을 받아들이게 되면 인류의 죄악이 있기 훨씬 이전에 죽음이 이 땅에 존재하고 있다는 것이므로 죽음은 우리의 죄와는 아무 관련이 없고, 따라서 예수님이 우리의 죄를 위해서 돌아가셨다가 부활하셔야 할 아무런 이유가 없게 되는 것입니다. 이 말은 기독교 신앙의 핵심을 받아들일 수 없으며 동시에 성경의 모든 이야기가 우스꽝스럽게 되어 결국은 신앙을 버려야 하는 결과를 초래할 수도 있음을 가리킵니다.

오늘날 많은 교회들이 놓치고 있는 부분은 바로 이 진화론적 사상이 어

떻게 우리의 신앙을 뿌리째 흔들어 놓고 있는가 하는 점입니다. 복음 전파
에 매우 열심이지만 **부활의 사실성에 정면으로 도전하고 있는 진화론에 대
해서는 대부분의 교회가 무관심 또는 무방비 상태에 놓여 있는 것이 현실
입니다.** 많은 사람들이 성경은 윤리 도덕적으로는 위대한 책일지 몰라도 과
학적으로는 무엇인가 문제가 많은 책이라는 선입관을 가지고 있습니다. 이
는 중세 때 가톨릭의 과학에 관한 부정적 태도가 큰 원인을 제공하기 때문
입니다. 즉 학문의 영역과 신앙의 영역을 따로 구분하는 이원론적인 사고의
영향 때문입니다. 이 과학시대에 성경은 자연의 법칙으로 과학과 만나고 대
화하고 문제를 해결해야 합니다. 과학은 자연법칙 자체이고, 성경은 하나님
과 사람과 자연의 법칙에 대해서 기록하고 있기 때문입니다.

　　1980년 10월 16부터 19일까지 미국 시카고 미시간 호숫가에 있는 '자연
사 박물관(Field Museum of Natural History)'에서 진화론 사상 큰 전환점이 될
것이라고 평가되는 중요한 **진화론 학술회의**가 개최되었습니다. 이 학회에서
는 진화론과 관련되는 여러 분야, 즉 생물학, 분자생물학, 진화유전학, 화석
학, 해부학 등에서 세계적인 권위를 가진 진화론자들 160여 명이 모여 '대진
화(Macro-evolution)'란 주제로 학회를 열었습니다. 이때 논의된 내용의 중요
한 부분은 진화론적 생물학자 로저 르윈(Roger Lewin)이 사이언스에 **"격론
이 일어나고 있는 진화론"**이라는 제목으로 요약하여 발표하였습니다. 이 학
회에서 논의된 것들을 요약하면 **'소진화가 일어난다고 하여 그것을 연장해
서 대진화가 일어난다고 할 수 없다.'**는 것입니다.[29]

　　진화론은 추리에서 시작해 추리로 끝나는 비과학이며 그 주요 이론들
은 이미 부정되었습니다.

　　변화와 진화는 같은 것일까요? 탐구자들은 변화가 자연계에서 끊임없
이 일어나고 있음을 알 수 있습니다. 어떤 사람들은 이것을 진화라고 부르

---

29) 양승훈 저, 『창조론 대강좌』(CUP, 1996), p.170.

지만변화는 언제나 '같은 종 내'에 한정되어 있다는 것을 인식할 필요가 있습니다. 일반적으로 믿는 진화는 더 세분화하여 대진화라고 부를 수 있습니다. 다른 종의 생물이 탄생하려면 조그만 변이(變異) 그 이상의 변화가 필요합니다. 진실로 '변이(Transformation)' 란 과학이 아닌 '철학의 질서'입니다.

놀랍게도 진화론의 버팀목이었던 **소진화가 대진화가 되었다.'는 가설**이 무너졌습니다. 그럼에도 불구하고 교과서에는 무너진 진화론만이 게재되어 그 피해가 심각합니다(원래 1960-70년대의 진화론은 "~일 것이다."라는 가설이었는데 요즈음은 "~진화했다."로 게재되어 마치 확실한 것처럼 교과서에 싣고 있습니다).

1980년대 **미국이 IMF를 맞았습니다.** 그 이유는 미국 제품이 좋지 않았기 때문입니다. 미국 인문학자들이 회의를 통해 **그 원인을 분석했는데** 그 원인 네 가지 중 첫 번째가 미국이 **자긍심(self-esteem)을 상실**했다는 것입니다. 왜냐하면 케네디 대통령 때 큰 실수를 하여 그간 **학교에서 성경을 읽지 못하게 했기 때문**이라고 합니다. 모든 학교에서 성경을 읽지 못하게 통제를 한 결과 **신앙이 퇴락**했다는 것입니다. 만일 우리가 하나님의 형상대로 지음을 받지 않고 진화되었다면 얼마나 비참한 일일까요? 신앙하는 자는 앞으로 나아가는 자입니다. 앞을 내다보고 나아가는 자입니다.

창조과학자 임번삼 박사는 "학교에서는 오직 진화론을 학문으로 배우고 교회에서는 창조론을 배우면서 이것이 상충하게 된다. 그런데 교회에서는 이에 대한 답을 주지 않는다. 결국 젊은이들은 번민하다가 신앙을 잃게 되는 것이다."라고 말했습니다. 이는 교회지도자들이 진화론의 피해가 아주 심각한 상태에 이르렀음을 인식하고 이에 대처해야 한다는 것을 일깨워 주고 있습니다.

진화는 성경의 내용과 모순이 없는가?

창조과학의 사명은 과학이라는 학문의 옷을 입고 모든 학문과 매스컴을 장악하고 하나님의 창조를 부인하는 진화론의 거짓됨과 허구를 밝히는 것이며 동시에 성경에 기록된 하나님의 창조야말로 과학적으로 사실이라는 것을 수많은 과학적 증거들을 제시하며 창조신앙의 기초를 확립시키는 것입니다.

어차피 답은 창조와 진화 둘 중 하나입니다. 지금까지 기원에 대한 논의에 있어서 창조론과 진화론 외에 제3의 대안은 없었습니다. 기원의 문제는 창조론의 열쇠로 열면 너무나 쉽게 풀리며 쉽게 이해가 되나 처음부터 전혀 맞지도 않는 진화론의 열쇠를 집어넣고 아무리 억지로 열어보려고 몸부림을 쳐봐도 문제가 해결되기는커녕 문제는 더욱 악화되어 가는 것입니다.

그리고 우리가 여기서 또 알아야 할 점은 창조론이 신앙의 전부가 아니라는 것입니다. 창조론은 어디까지 신앙의 기초인 것입니다. 그러므로 이 기초 위에서 더 나아가 창조주 하나님이 성육신하여 이 땅에 오신 분이 예수 그리스도임을 증거하고 그분을 영접하여 구원을 얻게 하여야 합니다.

하나님을 믿는 대다수의 사람들은 진화론이라는 용어를 모른다 해도 유신론적 진화론자들입니다. 다시 말해 하나님을 믿는 그들이 하나님이 우주와 그 속의 만물을 창조한 후 진화라는 방법을 사용했다고 믿습니다. 어떤 이들에게는 이런 사상이 진화에 대한 신념과 하나님의 창조에 대한 신앙이 서로 타협하여 수용할 수 있는 절충안이라 여깁니다. 그래서 이런 이들에게는 진화에 대한 신념은 과학적으로 훌륭한 태도이며 창조에 대한 신앙은 영원한 소망을 주어 창조주가 틀림없이 있다고 하는 내적인 확신이 있게 합니다. 이런 이들에게 진화는 성경의 내용과 모순이 없습니다. 하지만 정말 그럴까요?

다윈(후기 중세기 1800년대) 이후 성경의 내용을 잘 알고 있는 많은 이들이 애서서 성경을 재해석하여 진화론과 모순이 없도록 해왔습니다. 이렇게 유신진화론들(가설)이 많다는 사실이 지적하는 바는 그 가설들 간에 서로 대부분 납득시키지 못하는 점입니다. 또한 어떤 이들이 유신진화론과 성경이 화해하는 것을 요구하는 것은 쉽지도 않고, 정직한 일도 아님을 시사합니다. 그 이유는 아래에서 곧 알게 될 것입니다.

최초의 창세기의 여러 장의 내용을 재해석하려는 노력으로 잘 알려진 것으로는 '날-시대 이론', '간격 이론', '진행적 창조론'이 있습니다. 이 이론의 시작은 각각 진화론의 여러 면을 비평하지 않고 수용하여 창세기를 진화와 억지로 화해시키도록 하는 것입니다. 대부분의 이런 창세기의 재해석은 성경의 다른 부분과도 모순됩니다. 이 재해석은 또한 고대와 현대 유대학자들이 쓴 성경과 대다수의 구약성경의 저자들과 신약성경의 저자들 모두 및 예수 그리스도의 분명한 진술과도 모순됩니다.

이들 성경 저자들이 진술한 이론을 진정으로 수용하는 많은 이들은 진화론을 거부합니다. 불행히도 그들은 그들의 이론들과 신념이 구축한 진화가설을 분명히 파악하지 못합니다. 그들이 이 가설의 증거가 사실인지 면밀하게 시험해 보지 않으면 그 가설들이 마치 과학적인 양 그들에게 보이게 됩니다.

하지만 각각의 신념은 주요 유신진화론(가설) 중 한두 가지만 모순이 없습니다. 실은 이 진화 신념들 중 그 어떤 것에 대해서도 억지로 댈 만한 과학적 증거도 없습니다. 사실상 많은 과학적 증거는 이 진화신념들을 논박합니다.

하기의 유신진화론의 사상들이 얼마나 주류사회에서 비평도 해보지 않고 수용되고 있는가에 주목합시다. 또한 이 사상들이 성경(유신 진화론을 반박하고 우리의 기초 신앙과 제도(법령) 중 여러 가지에 근거를 두는)의 많은 내용과 얼마나 치밀하게 이간질해 왔는지를 주목합시다. 교묘한 수단으로 이런 성경의 근거를 훼손하는 것은 분명 사회에 많은 문제를 야기해 왔습니다.

	유신진화론	성경의 설명
1	창세기 1장-11장은 은유, 시 혹은 신화이다. 문자적으로는 사실이 아니다.	창세기 1장-11장까지는 사람들과 주요 사건들이 사실대로 기록된 정확한 역사이다. 신약의 저자들과 J.X는 이 모든 근본이 되는 사건들은 인류 문화를 형성하는 것으로 언급한다.
2	창세기 1:1-2:3과 2:4-2:25은 창조에 대한 서로 다른 설명이다. 이 두 가지를 문자적으로 설명할 수 없다.	창세기는 하나님의 창조를 서술한 두 가지 이야기이다. 창세기 1:1-2:3은 연대순으로, 2:4-2:25은 사람의 관점에서 기록한 것이다. 히브리어 단어들을 면밀히 연구해 보면 아무런 갈등이 없다.
3	자연발생방법으로 천체, 지구 및 생명의 형성을 설명할 수 있다. 물질이 정신보다 우선한다. (물질이 생긴 후 정신이 형성된다.)	창조주는 초자연적 사건들을 사용하여 천체, 지구 및 생명을 생기게 했다. 정신이 있은 후 물질이 있었다(창 1-2장).
4	우주, 시간 및 물질은 영원하다. 모든 것이 피조되기 전에 시간이 존재했다.	영원 전부터 계신 하나님이 우주, 시간 및 물질을 창조하셨다. 그의 창조는 무로부터의 창조이다. 태초(처음)가 있었고 시간이 창조 시에 시작되었다(창 1:1, 마 24:21, 막 13:19, 요 1:1, 골 1:16, 히 11:3).
5	우리가 알고 있는 우주는 빅뱅 시 빛의 폭발로 시작됐다.	천지가 창조된 후 빛이 있었다(창 1:1-3).
6	빅뱅은 창조의 기본이 되는 사건이 있었다. 이것은 순식간에 이뤄졌다.	일련의 창조사역이 그 창조주간에 이뤄졌다(창 1장).
7	빅뱅이 일어난 후 팽창한 우주의 평균온도는 계속 내려갔다. 결국 태양은 그 연료가 소진되어 지구는 그 열을 뺏겨 냉각되어 굳어진 것이다.	지구가 상대적으로 냉각 상태에서 시작되었다(12번 참조). 결국 강한 열로 천지를 멸망시킬 것이다(벧후 3:7, 10).

8	지구는 천천히 태양빛 속에서 형성되었다.	창조의 첫째 날, 지구가 흑암 속에서 형성되었다(창 1:2). 그후 즉시 태양과 별들이 생기기 전에 빛이 창조되었다(창 1:3).
9	수소, 헬륨과 리티움은 그 외의 다른 100여 개의 화학원소들이 있기 전 수백 만년 동안에 형성되었다.	화학원소들이 모두 창조주 간에 존재하게 되었다(창 2:2, 출 20:11).
10	태양과 대부분의 별들은 지구가 생기기 전 수십억 년간에 걸쳐 형성되었다.	지구는 태양과 별들이 생기기 전인 첫째 날에 창조되었다. 오늘날 별들이 더 창조되지 않으며 오히려 줄어들고 있다(창 1:2, 1:16, 출 20:11).
11	창조의 넷째 기간 중 이전에 구름에 둘러싸여 있던 지구에 태양과 달 및 별들이 생겨났다.	창조의 제4일에 태양, 달 및 별들이 만들어졌다(창 1:14-19).
12	맨 처음 지구는 표면이 뜨겁고 녹아 있었다. 수백만 년 후 화학적으로 지구의 내부에 갇혔던 물은 새어 나왔다.	창조의 제1일에 지구의 표면은 액체인 물이어서 지구는 상대적으로 태초에 차가웠다(창 1:2).
13	지구는 서서히 지구의 표면을 녹이고 모든 수면이 증발시킨 운석의 충돌로 유착되었다.	지구는 급속도로 형성되었다. 둘째 날 이후 그 표면은 지하의 액체 상태인 물들 위로 퍼졌다(시 136:6).
14	육지는 해양 이전에 형성되었다.	전 세계적 해양은 땅 이전에 있었다. 표면의 물들이 한 곳으로 모였을 때 마른 땅에 생겼다(창 1:2, 1:9).
15	진화는 수십억 년간에 걸쳐 발생했다.	창조는 문자상 6일 동안에 일어났다(창 1:, 출 20:11).
16	현재는 과거로부터 안다. 즉 현재 관측할 수 있는 자연발생방법으로 과거의 모든 사건을 설명한다(동일 과정설).	현재를 항상 과거에서 알 수 없다. 하나님은 때로는 급하게 일하셨다(창조의 날에 행하심, 타락, 홍수 및 바벨 사건 후 흩어짐, 창 1-3, 6-8, 11장). 지구의 홍수, 그 범위, 그 힘, 파괴 및 계속 기간은 자연발생방법으로는 설명이 안 된다(벧후 3:3-6).
17	한때 대기는 진화하기 시작해 지구에 비가 생겼다.	홍수 이전에 사람은 분명 하늘의 무지개를 본 적이 없다(창 9:11-17). 수계가 아주 다른 것이었음이 분명하다. 아마 홍수 전에는 비가 내리지 않았을 것이다.
18	전 세계적 격변은 없었고 지역적, 작은 홍수들만 있었다.	격변으로 인한 전 세계적 홍수로 150일간 홍수 이전의 산들을 죄다 덮었다(창 7:19-20, 7:24, 시 104:6-9). 이 홍수(창 7:11, 8:14)는 일 년에 걸쳐 실제 인류와 땅에서 숨 쉬는 동물들을 죄다 멸망시켰다(창 6:13, 6:17, 7:4, 7:21-23, 8:21, 9:11, 눅 17:27, 벧전 3:20, 벧후 2:5, 3:6).
19	처음의 동물들은 미세하고 단세포체였다.	처음의 동물들은 바다의 큰 동물들, 즉 고래와 다른 복잡한 생물체들이 있었다(창 1:20-21).
20	첫 바다생물은 작고 복잡한 화합물의 덩이였고, 다른 바다생물이 생기는 데 십억 년이 소요되었다.	제5일에 바다생물이 창조되었고, 그 여러 종류의 바다생물들이 물들에 떼지어 몰려들었다(창 1:20-22).

21	원래의 대기는 메탄, 암모니아 및 독가스로 이뤄졌다. 수십억 년이 지나 오늘의 대기처럼 되었다.	대기는 급격히 창조되었고, 모든 생물들도 유지되었다(창 1:6-8).
22	살아 있는 식물은 우리가 누리고 있는 대기를 생산해 내었다.	대기는 식물이 있기 전에 창조되었다(창 1:6-12).
23	식물들은 오랜 기간에 걸쳐 진화했다. 꽃이 되는 식물들은 다른 식물들에 이어 2억 2천만 년 동안 진화했다.	씨 가진 열매 맺는 주요 식물들은 세 번째 날에 창조되었다(창 1:11-12).
24	태양은 식물이 있기 전 수십억 년 동안 진화했다.	태양은 식물이 있은 후 하루 동안에 만들어졌다(창 1:12-16).
25	창조의 6일은 사실 6세대였다. 창세기 1장의 기록대로 식물들은 태양이 있기 하루(1세대)에, 동물들이 있기 전 이틀(2세대)에, 곤충 있기 전의 3일(3세대)에 걸쳐 나타났다.	생존을 위해 식물에게는 태양과 동물들이 특히 곤충들이 필요했다. 이들 모두는 각각 하루씩, 서로 사흘 내에 창조되었다(창 1:11-23). 창조의 기간이 더 길었다면 식물들은 살아남을 수 없었다.
26	여러 형태의 살아 있는 동식물은 지질연대의 네 세대에 걸쳐 진화했다(선 캄브리아기, 고생대, 중생대, 신생대). 이 세대의 기간은 동일하지 않다.	생명체는 창조의 6일 중의 3일 동안 창조되었다. -셋째 날 : 식물 -다섯째 날 : 바다생물과 새들 -여섯째 날 : 땅의 다른 동물들과 사람(창 1장)
27	새로운 생명의 형태가 각각의 주요 범주 내에서 계속 발생한다(식물들, 바다생물들, 새들, 육상생물들).	먼저 모든 식물들이 창조되었고 그 다음에 바다생물들과 새들 그 뒤를 따라 육상 동물들이다. 맨 나중에 사람이 창조되었다(창 1장).
28	모든 생명의 형태 간에는 연속성이 있다. 모든 유기체는 조상이 같다. 그러므로 모든 식물들 사이에, 모든 동물들 사이에는 변천이 계속되었다. 수백만의 종들(species)은 고정되지 않아 독특한 것이 아니다.	상이한 많은 생물의 "종류들(Kinds)" 사이에는 불일치가 불변이다. 실상 성경은 열 번이나 종류마다 그 종류를 따라 재생산하리라고 진술한다(창 1장). 그 종류들은 고정되고 독특하다.
29	육상생물은 바다생물보다 수억 년이나 앞섰다.	바다생물은 육상생물보다 먼저 생기지 않았다(창 1:11-13, 1:20-23).
30	많은 동물들과 식물들은 사람이 진화되기 전에 멸종되었다.	동물과 식물의 모든 종류가 사람과 같은 시대에 살았다. 아담은 모든 다른 종류의 가축, 새들, 야생 짐승들의 이름을 지었다(창 1:20-30, 2:20).
31	곤충들은 새들과 꽃 피는 식물보다 수백만 년 전에 진화했다.	새들과 모든 식물들이 기는 것들보다 먼저 창조되었다(창 1:20-24).
32	파충류나 공룡들이 새들로 진화했다. 공룡이 멸종된 후 육천만 년, 일억 년 이상 지난 후 사람이 진화했다.	새들은 공룡들, 파충류들과 땅의 짐승들보다 먼저 창조되었다(창 1:20-25). 공룡들과 큰 파충류들은 사람이 보고 기록했다(욥 40:15-41:34).
33	어류는 조류들과 과목들보다 수억 년 전에 진화했다. 최초의 어류들과 조류들은 알에서 나왔다.	과목들은 어류보다 먼저 창조되었다. 어류들과 조류들이 같은 날 창조되었다. 어류들은 헤엄치며, 조류들은 날도록 창조되었다(창 1:11, 21-22).
34	닭이 먼저인지 계란이 먼저인지 불확실하다.	닭이 그 산란한 처음의 알보다 앞선다. 실상 모든 동물들은 완전한 형태를 갖추고 그 기능을 할 수 있게 창조되었다.

35	첫 동물들은 원시 바다생물들이었다. 훨씬 더 지난 후 어류가 진화되고 그 뒤 양서류들이, 맨 나중에 포유류들이 차례로 진화했다. 마지막인 포유들이 진화하는데 고래도 거기에 포함된다.	큰 고래들과 같은 고도로 발달된 포유류를 포함한 첫 동물들이 창조되었다. 수일이 지나 소위 '하등류' 대부분이 창조되었다(창 1:21, 24).
36	사람이 진화하기 전 수억 년 동안 많은 동물들은 육식성이었다.	초기의 동물들은 초식성이었으나 타락 이후거나 홍수 이후에 다소의 동물은 육식성이 되었다(창 1:30).
37	암컷이 수컷보다 먼저 진화했다.	수컷과 암컷은 한 '종류' 안에서 같은 날 창조되었다(창 1:20-25).
38	창조는 하나의 과정이다. 대진화가 오늘도 계속되고 있다.	창조는 분명히 일어난 사건이었다(시 148:5). 하나님은 그의 창조사역을 육일 동안에 마치셨다(창 2:1-3, 출 20:11, 31:17, 히 4:1-11).
39	본질상 양자들로부터 사람들까지 모든 것이 서서히 계속된 과정으로 진화했다.	본질상 모든 것은 한두 번의 급격하고 불연속의 단계로 창조되었다(시 33:3-9). 창세기에는 5회나 "하나님이 말씀하셨다…그래서 그대로 되었다(창 1:6-7, 1:9, 1:11, 1:14-15, 1:24)."고 말하고 있다. 성경의 기적 모두는 최대이며 최초의 기적인 창조 자체를 포함해서 급속하게 일어났다.
40	진화는 부분적으로 적자생존이라 부른 과정을 거치며 일어난다. 폭행, 고통과 죽음은 동물들이 더 복잡한 것이 되기 위해서 필요한 것이었다. 고통, 잔인함과 죽음은 진화과정으로 자연스런 결과이다. 이런 의미에서 죽음은 사람을 만들어내었다.	하나님은 전능하셔서 폭행과 고통이나 죽음을 사용하기 위해 이것들을 창조할 필요가 없었다. 하나님은 악, 고통이나 질병을 만들지 않았다. 우리 창조주의 여러 가지 속성은 사랑, 화평과 기쁨이다. 창조하신 직후 모든 것이 심히 좋았다고 하셨다(창 1:31). 아담이 범죄한 후 세상에 고통과 잔인함이 들어왔다(창 3장). 이런 의미에서 사람이 죽음을 가져왔다(창 2:17, 롬 5:12).
41	사람은 자연의 산물이다. 사람은 그 환경에 지배받아 형성된다. 실상 환경이 크게 결정하는 것은 사람이 어떻게 진화했느냐이다(어떻게 사람이 진화했느냐에 크게 영향을 주는 결정적 요인은 환경이다).	사람에게 자연을 지배하는 권한이 주어졌다. 하나님은 사람에게 그 환경을 잘 관리하도록 하셨다. 즉 땅을 가꾸고 땅 위에서 움직이는 모든 생물을 돌보라고 하셨다(창 1:26, 1:28-30).
42	최초의 인종이나 인간이라고 하는 말인 아담이라고 부를 수 있는 개인은 없다. 아담과 하와는 악의 기원을 설명하는 사화(史話)나 우리 모두가 지은 죄스런 선택을 나타내는 무한한 신화 속의 신화적 성격일 것이다.	영감을 받아 기록한 신·구약의 저자들이 아담을 개인으로 기록했다(창 5:3, 대상 1:1, 눅 3:38, 행 17:26, 롬 5:12, 고전 15:21-22, 15:45-47). 하와도 유일한 사람이었다(고전 11:8-9, 딤전 2:13-14). 사람은 모두 아담과 하와의 후손이다(창 3:20).
43	인간은 원숭이보다 좀 더 고등한 상태로 진화한 동물이다.	모든 동물을 보살피도록 위임받은 사람은 하나님의 형상으로 창조되었다(창 1:26-27, 1:30, 5:1). 사람을 천사(하나님)보다 조금 못하게 하셨다(시 8:5).
44	인간은 지난 지구의 역사(우주가 시작된 후 100억 년과 지구가 형성된 후 40억 년)의 1/1000기간만 존재했다.	사람은 창조된 이후 존재해 왔다(마 19:4, 막 10:6, 13:19, 눅 11:50, 요 8:44, 롬 1:20).

45	인간은 하등동물에서 진화했다.	아담은 흙으로 지음을 받았다(창 2:7).
46	공룡화석 등 거의 모든 화석들은 지구 상에 인간이 등장하기 전에 있었다.	공룡 등 어떤 화석도 있기 전에 사람이 창조되었다.
47	인간의 혈통은 다수의 원숭이류 동물이 포함된다. 그 혈통은 십만 세대에 이른다.	사람의 혈통은 아담과 하와로 시작한다. 그 혈통은 수백만 세대이고 성경이 말하는 직계는 아담에서 노아까지이고, 역사 시대까지 언급한다(창 5장, 대상 1장, 눅 3:23-38).
48	인간에게 가장 가까운 원숭이류는 새끼를 낳을 때 곤란함이나 고통이 없다. 미지의 이유로 사람은, 출산 시 산모와 아기에게 고통을 주고 위험하다. 자연선택으로 여자들의 좁은 산도(産道)를 제거해야 한다.	해산의 고통은 타락한 결과로 인해 그 고통이 배가 되었다(창 3:16).
49	하나님은 원숭이 같은 생물에게 영을 불어넣으셨다. 이렇게 해서 사람이 되었다.	하나님은 생명 없는 인체에 생기를 불어넣으셔서 사람이 되었다(창 2:7).
50	최초의 사람들은 육식을 했다. 인간으로 여겨지는 처음의 동물들은 사냥꾼들이었다. 수십 만 년 후 사람은 농사를 시작했다.	최초의 사람들은 초식을 했다(창 1:29). 첫 사람 아담은 동산 관리인이었다(창 2:15). 후에 아담은 농부가 되고, 그의 아들 아벨은 양치는 자였다(창 4:2). 그후 열 세대가 채 안 되어 사람은 사냥을 시작했다(창 9:3).
51	사람은 동물에서 진화하였으므로 심리적으로 동물과 사람의 행동과 성질에는 거의 차이가 없다. 이러한 전제가 많은 현대 심리학의 기초가 되고 있다.	사람은 하나님의 형상으로 창조되어 동물과는 종류가 상이하였다(창 1:26-27, 5:1). 아담에게서 육체적으로 감정적으로 그와 모순이 없는 동물적인 면을 발견하지 못했다. 유일하게 다른 사람인 하와가 아담의 짝(배필)일 수 있었다(창 2:20).
52	최초의 남성은 여성에게서 태어났다. 남자 같은 여자는 동물에서 진화했다. 아담의 갈비뼈에서 성스러운 신의 솜씨로 만들어진 하와의 이야기는 넌센스다. 하와는 어머니가 있었다.	최초의 여성은 남성에게서 태어났다(행 17:26, 고전 11:8). 특히 하와는 아담의 옆구리에서 취해서 창조되었다(창 2:21-23). 하와는 어머니가 없었다.
53	결혼, 문화적 관습은 인간의 경험에서 진화했다. 그래서 결혼은 문화가 진화하는 대로 변해 간다.	결혼은 하나님이 정하신 영원한 보증이다(창 2:24).
54	서서히 사람은 기본 단위 시간(하루, 한주, 한달, 한해)에 따라 발전해 왔다.	사람이 구성하지 못한 창세기 1장은 우리의 기본 단위 시간의 정의를 내리고 있다.
55	한 주를 7일로 정한 사람은 아무도 없다. 그것은 문에서 유래했다. 놀랍게도 실제로 역사를 통해 알려진 모든 문화는 7일의 한주였다.	하나님은 사람에게 이롭게 하기 위하여 한 주를 7일로 제정하셨다(막 2:27). 이러한 사실로 하나님의 창조사역과 창조 주간 동안 다 창조하신 후 안식하신 것을 생각하게 한다(창 1장, 출 20:8-11).
56	에덴 동산은 신화다.	에덴은 글자 그대로의 장소였다(사 51:3, 겔 28:13, 36:35, 욜 2:3).
57	원시 과거의 사람은 그 수명이 백 세 이상은 거의 없었다.	노아의 홍수 이전의 상황을 보면 창세기 5장의 인물들은 900세 정도로 살았다.

58	실수로 고대 히브리 말의 1년을 음력달로 불러 창세기 5장(대체로 900세)의 족장의 나이는 실제로 훨씬 더 짧을 수도 있다.	창세기 5장의 두 족장시대를 보면 족장계보에 나오는 후손들이 태어날 때의 나이는 65세였다(창 5:15, 5:21). 이 나이가 음력달로 계산한 것이었다면 그 때 그들이 자녀들을 낳은 때는 5세여야 한다.
59	초기의 사람은 아주 원시적이며 기술적으로 미숙했다.	하나님이 창조하시고 수백 년이 못되어 사람은 악기와 정밀한 합금을 만들어냈다(창 6:14-16),. 고대인은 노아의 방주를 제작하고(창 6:14-16), 바벨탑(창 11:3-6)을 쌓는 기술이 있었다.
60	언어가 서서히 진화했다. 그 언어는 감정을 툴툴거리며 나타내는 것으로 시작되었다.	많은 어휘를 만들어낸 아담은 처음부터 지적인 대화를 했다. 그는 그 자신이 창조된 그날에 다수의 육상 동물들의 이름을 지었다(창 2:18-24). 많은 언어로 갑자기 늘어난 것(분화)은 바벨탑 사건 때였다(창 11:1-9).
61	아담에서 요셉까지의 연대는 격차가 크다. 그 격차가 수세기에 이른다.	아담에서 요셉까지의 연대는 족장의 나이가 그 다음에 작명된 족장이 태어나면 정해진 것이어서 팽팽하게 연결되어 있다. 그러므로 족장과 족장사이에 시간이 더 추가될 수 없다.
62	아담과 하와의 첫 아들 가인은 먼 땅으로 추방되어 유인의 영장류나 진화된 다른 인간과 결혼하지 않았으면 아내가 없었을 것이다.	아담과 하와는 아들과 딸들이 많았다(창 5:4). 가인은 논리적으로 질녀와 결혼했다 하더라도 아마도 누이동생과 결혼했을 것이다(창 4:16-17).
63	10억 년 동안 수백만 종이 서서히 개량되어 더 복잡한 형태가 되었다. 이런 일은 지금도 여전히 일어나고 있다. 새로운 형태의 생명체가 늘 진화되고 있다.	창조된 바로 그 때 하나님은 자신이 창조하신 모든 것이 보시기에 매우 좋았다고 하셨다(창 1:31). 그후 모든 만물이 타락해서(창 3:16-19, 롬 8:18-22) 다양화됐다. 우리는 새로운 종류의 생명체가 진화한 것을 본 적이 없다.
64	사망이 이 세상에 들어 온 것은 사람이 진화하기 전 10억 년, 즉 가장 원시적 형태의 생명체가 진화한 후이다.	아담이 창조되고 범죄한 후 이 세상에 사망이 들어왔다(롬 5:12).
65	사망은 어떤 사람들이 범죄라고 하는 여러 가지 일들보다 먼저다.	죄가 사망보다 먼저다(창 2:17, 3:1-24, 롬 5:12, 6:23).
66	아담의 타락은 단지 영적인 결과로 온 것이다.	아담의 타락은 영적이며 육적인 결과에서 온 것이었다(창 2:17, 3:13-24, 롬 8:18-22, 고전 15:21-22).
67	식물들이 진화한 후 그 중에는 독성을 갖게 된 것이 있다. 이 독으로 그들이 생존하게 되었다.	타락 이전에는 녹색식물은 모두 식용이었다(창 1:29-30).
68	가시덤불과 엉겅퀴는 식물에 이어 진화했다. 출산 때의 고통은 인류가 탄생된 만큼이나 오래 되었다.	아담의 범죄로 가시덤불과 엉겅퀴 및 출산 때의 고통이 왔다ス(창 3:16-18).
69	사람이 악한 것은 그가 동물적이기 때문이다.	사람이 악한 것은 그 본성이 타락했기 때문이다.

70	사람은 육체적으로, 정신적으로, 사회적으로, 도덕적으로, 영적으로 계속해 개선되고 있다.	태초 이래 사람은 기술적으로는 항상돼 왔다(창 4:21-22, 11:6). 주로 이런 향상은 불가피 했다(창11:6). 하지만 사람은 육체적으로 도덕적으로 영적으로 퇴보해 왔다(창 3, 5, 11장).
71	경쟁과 사망이 사람이 지구에 머물게 된 것보다 먼저. 그래서 이렇게 생존 경쟁이 계속 되어 왔다. 이런 최초의 상태는 원상으로 회복 될 수 없다.	사람을 포함한 완성된 창조는 매우 보기에 좋았다(창 1:31). 그때에 생존 경쟁과 사망은 없었다. 그 후에 사람은 자신의 자유의지로 우주적 낙원에서 떨어져 나가 생존 경쟁과 사망이 이 세상에 들어오게 했다. 언젠가는 이 낙원이 새 하늘과 새 땅으로 회복될 것이다(사 11:6-9, 계 22:2-3).
72	사람이 수십억 년간 상향 진보를 해온 결과 그 행복과 계속되어 온 개선은 우리 최대의 관심이다.	하나님이 사람과 만물을 창조하신 이후로 하나님은 우리 최대의 관심사여야 한다. 하나님의 형상을 따라 지음을 입은 사람은 다른 모든 피조물을 보살필 권한을 부여받았다(창 1:26). 사람은 피조물, 특히 그 친구 같은 이웃에게 보다 더 보살피며 관심을 계속 가져야 한다. 하지만 사람은 타락하거나 죄가 많아 구세주가 필요한 하나님의 피조물이다(요 3:16).
73	하나님이 아담에게 영을 주셨다. 아담이 사람이라 불려질 수 있는 첫 영장류였으므로 그는 죽게 되었다. 불순종의 벌로 죽음이 온 것이 아니다.	첫 아담과 나중의 아담(예수 그리스도)은 초자연적 육신이지만 두 사람 모두 사람의 불순종의 벌로 인해 죽을 수밖에 없었다(롬 5:14-15, 고전 15:45). 아담의 육신이 동물에서 진화했다면 이렇게 의미심장한 신학문서는 하나님의 구속(救贖) 계획과 함께 모두 파기 된다.

유신진화론과 성경적 관점에서 본 생명과 역사의 많은 모순을 조사해 보면 다음과 같이 생각하며 질문해야 합니다.

'만일 하나님이 무한한 권능으로 세상을 창조하실 수 없었다면, 만일 그가 그 자신이 행하신 일을 기록해서 사람에게 주셨다면, 만일 과학적 증거가 그가 행하신 일의 기록과 모순되지 않았다면 그때 실제로 일어난 일을 믿지 못하게 하는 것은 어떤 것인가?'

진화가 있었다고 한다면, 그렇다면 죽음은 사람이 진화하기 전에 만연하였습니다. 그러나 죽음이 사람보다 먼저 일어났고, 그것이 아담이 범죄한 결과로 온 것이 아니었다면, 범죄는 사실이 아니고 허구입니다. 범죄가 허구라면 우리에게는 구세주가 필요 없게 됩니다.

창조론과 진화론의 관계 - 평생 원수

　진화론의 정체는 진행형입니다(~ing). 창세기 3장 5절의 "너희가 그것을 먹는 날에는 너희 눈이 밝아져 하나님과 같이 되어 선악을 알 줄 하나님이 아심이니라."에서 보는 바와 같이 동산 중앙에 있는 나무의 열매를 먹는 날에는 점점 눈이 밝아져 하나님과 같이 되어 선악을 알게 되고 결코 죽지 않을 것이다라고 마치 진행되는 것처럼 말하고 있으며 그 결과는 하나님이 된다고 교활한 뱀이 하와를 꾀어내었습니다. 여기에 '교활한'은 히브리어로 '아룸'이고 '아람'이 되면 벌거벗었다는 뜻입니다. 벌거벗어 매끈매끈한 뱀을 잡을 수 있을까요?

　이 교활한 뱀이 바로 진화론의 원조입니다. 독일 나치당의 지도이념이 바로 진화론입니다. 사람이 바로 물질이라는 것이지요. 헤켈(Ernst Heinrich Haeckel, 1834-1919)이 말한 '사람은 물질'이라고 말하는 사상을 가진 히틀러는 유대인 600만 명을 독살하고도 양심의 가책을 느끼지 못한 듯합니다. **진화론은 무서운 사탄의 사상입니다. 그냥 간과해도 무방한 그런 정도의 가설이 아닙니다.**

　독일 함부르크에서 발견된 '히틀러 성경'은 십계명을 조작해 '지도자(총통)

를 경외하라', '네 혈통과 명예를 순수하게 지켜라'라는 구절을 집어넣어 '12 계명'을 제시하는 등 성경을 나치식으로 왜곡한 내용을 담고 있습니다. 『하나님이 함께하는 독일』이라는 제목이 붙은 이 책은 '할렐루야', '여호와' 같은 히브리어를 전혀 사용하지 않고 있습니다. 심지어 예루살렘이란 히브리어 지명조차 '하나님의 영원한 도성'이라고 고쳐 썼습니다. 성경에서 히틀러가 경멸했던 유대인의 색채를 없애고 나치즘에 맞도록 철저히 왜곡한 것입니다.

독일 유력지 《빌트 차이퉁*Bild Zeitung*》은 이 문서들이 1939년 기독교에서 유대주의를 제거하기 위해 설립된 친나치 신학자들의 연구소에서 집필했다고 전했습니다(국민일보 06. 8. 12자).

신학자는 하나님을 믿지 않는다 해도 신학을 연구하며 학자가 되어 교수로서 교단에서 가르칠 수 있습니다. 그러나 하나님이 없는 학문과 성경이 무슨 소용이 있겠습니까? 친나치 신학자들처럼 하나님의 창조를 잘 믿지 않으면서 성서학자와 목사로 교단에서 잘못 가르치는 일을 바로잡아야 합니다.

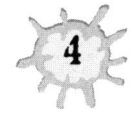

창조의 성경적 특성

Q. 건물이 설계자나 설계도 없이 저절로 세워질 수 있을까요?

A. 설계자의 지혜와 그에 따른 설계도가 필요합니다.

Q. 가나의 혼인잔치에서 물이 포도주로 바뀌는 데 얼마나 오랜 시간이 걸렸을까요?

A. 즉시 변했습니다.

Q. 계란이 먼저인가요, 닭이 먼저인가요?(창 1:24, 29)

A. 닭이 먼저입니다.

성경은 시간, 공간 및 물질로 이루어진 실체의 우주와 생명뿐만 아니라 모든 운행과 과학적 법칙들도 함께 초자연적인 원인(하나님)과 방법으로 말미암았다고 증거하고 있습니다. 또한 그 증거도 누구나 알 수 있도록 남겨 놓았기 때문에 찾을 수 있고 또 마땅히 찾아야 한다는 것입니다.

"하나님이 지나간 세대에는 모든 민족으로 자기들의 길들을 가게 방임하 셨으나 그러나 자기를 증언하지 아니하신 것이 아니니…(행 14:6-17)"

"창세로부터 그의 보이지 아니하는 것들 곧 그의 영원하신 능력과 신성 이 그가 만드신 만물에 분명히 보여 알려졌나니 그러므로 그들이 핑계하지 못할지니라(롬 1:20)."

초자연적 창조란 우선 인격적(초자연적) 하나님에 의한 무로부터의 창조 (Creation exnihilo)를 의미합니다(물론 유기 생명체들의 경우에는 이미 창조되어 있 는 무기질을 그 재료로 하였지만).

"태초에 하나님이 천지를 창조하시니라(창 1:1)."

"믿음으로 모든 세계가 하나님의 말씀으로 지어진 줄을 우리가 아나니 보이는 것은 나타난 것으로 말미암아 된 것이 아니니라(히 11:3)."

히브리 단어에는 자연(Nature)이라는 단어가 없습니다. 자연이란 본시 단 순한 가시적인 물질세계만을 지칭하는 것이 아니고 그것을 움직이고 관할 하는 기본 법칙을 의미합니다. 따라서 희랍의 자연주의 사상에서는 자연은 자연법칙(Nature Laws)의 지배를 받고 있다는 것입니다. 화학자 로버트 보일 (Robert Boyle, 1629-1691) 같은 이는 이 단어를 싫어하여 '규칙'이라고 불렀습 니다. 유대 및 기독교 세계관에서 바라보는 바는 영원한 자존자로서의 대자 연(The Mother Nature)이 아니라, 창조된 유한한 존재로서의 질서를 의미하는 우주(Universe) 또는 코스모스(Cosmos)일 뿐입니다. 자기들을 이집트의 노예 생활로부터 엄청난 기적을 통하여 구속해 주신 이스라엘의 여호와 그분께 서 곧 이 우주의 창조주 하나님이 되신다는 점을 그들이 가장 먼저 알아야 할 역사적 사실로, 성경의 첫 선언으로 담았다는 점은 실로 의미심장한 것 입니다. 즉 그가 이 모든 존재의 궁극적 책임자라는 점입니다.[30]

초자연적 창조에 대한 우리의 두 번째 관심은 '어떻게', 즉 창조의 방법에

---

30) 한국창조과학회 대구지부, 『창조과학의 이해』, pp.6-9.

쏠립니다. 무릇 모든 제작에는 이전에 설계와 계획이 있지 않으면 안 된다는 것은 자명한 사실입니다. 창조는 마땅히 그 방법이 있어야 합니다. 물론 그 구체적인 과정은 알 수 없지만 분명한 것은 지혜에 의한 설계가 능력의 말씀에 의하여 구체화된 것임에 틀림없습니다. 따라서 흔히 알려져 있듯이 창조의 방법에 대해서는 알 수 없다는 소극적인 자세를 견지할 필요가 없는 것입니다. 이 점에 관한 주님의 교훈은 아주 적절한 것입니다.

"너희 중의 누가 망대를 세우고자 할진대 자기의 가진 것이 준공하기까지에 족할는지 먼저 앉아 그 비용을 계산하지 아니하겠느냐 그렇게 아니하여 그 기초만 쌓고 능히 이루지 못하면 보는 자가 다 비웃어 이르되 이 사람이 공사를 시작하고 능히 이루지 못하였다 하리라(눅 14:28-30)."

설계에는 반드시 지혜가 필요합니다. 창조에 참여한 지혜에 대하여는 잠언서 기자가 다음과 같이 밝히고 있습니다.

"여호와께서 그 조화의 시작 곧 태초에 일하시기 전에 나를 가지셨으며 만세 전부터 태초부터, 땅이 생기기 전부터 내가 세움을 받았나니 아직 바다가 생기지 아니하였고 큰 샘들이 있기 전에 내가 이미 났으며 산이 세워지기 전에, 언덕이 생기기 전에 내가 이미 났으니 하나님이 아직 땅도, 들도, 세상 진토의 근원도 짓지 아니하셨을 때에라 그가 하늘을 지으시며 궁창을 해면에 두르실 때에 내가 거기 있었고 그가 위로 구름 하늘을 견고하게 하시며 바다의 샘들을 힘 있게 하시며 바다의 한계를 정하여 물이 명령을 거스르지 못하게 하시며 또 땅의 기초를 정하실 때에 내가 그 곁에 있어서 창조자가 되어 날마다 그의 기뻐하신 바가 되었으며 항상 그 앞에서 즐거워하였으며 장인사람이 거처할 땅에서 즐거워하며 인자들을 기뻐하였느니라(잠 8:22-31)."

초자연적 창조에 관한 우리의 세 번째 관심은 그러면 이 지혜에 의한 대설계(창조의 법칙) 속에는 무엇이 포함되어 있었겠는가 입니다. 그 대답은 앞으로 구체화될 물질적 우주와 생명과 그리고 이들을 일관되게 다스릴 대 법칙들인 것입니다. 우리는 이 법칙을 섭리의 법칙이라고 부릅니다. 이 법칙은 흔히 언약 또는 계약으로 불리고 있는데, 이는 하나님의 신실하심과 그에 상응하는 능력을 잘 반영해 주는 것이라 하겠습니다.

"여호와께서 이와 같이 말씀하시니라 너희가 능히 낮에 대한 나의 언약과 밤에 대한 나의 언약을 깨뜨려 주야로 그때를 잃게 할 수 있을진대 내종 다윗에게 세운 나의 언약도 깨뜨려 그에게 그의 자리에 앉아 다스릴 아들이 없게 할 수 있겠으며…(렘 33:20-21)"

"…그의 능력의 말씀으로 만물을 붙드시며 죄를…(히 1:3)"

"하나님의 말씀은 살아 있고 활력이 있어…(히 4:12)"

바로 이러한 하나님의 약속 때문에 우리의 피조 세계에 대한 접근과 연구가 가능한 것입니다. 그러나 자연주의자들은 이 법칙들을 흔히 자연법칙이라고 부르고 있습니다.

한편 창세기의 천지창조는 에너지가 물질로의 변환을 일으키는 장엄한 역사적 순간을 말합니다($E=MC^2$). 에너지와 물질 간의 상호가변성에 관한 이해는 역사적으로도 그렇게 오래되지 않았을 뿐만 아니라 이것은 수학적 식으로 표현되기는 20세기에 들어 아인슈타인에 의해 처음이었습니다. 우리가 오늘날 익숙하게 관찰하고 있는 바는 대개 반대 방향으로의 변환들입니다. 하나님께서 그의 무한하신 에너지의 일부를 물질로 변환시킨 것인지 아니면 자신의 지혜에 의한 설계를 에너지(능력)로써 활성화하신 것인지에 대해서는 알 수 없습니다.

하나님의 창조는 초자연적일뿐만 아니라 바로 그러한 특성 때문에 순간적으로 완성된 창조이지 않으면 안 되는 것입니다. 예를 들어, 우주의 천체계 및 원자세계 내에 작용하고 있는 세 가지 종류의 힘(강력, 중력, 약력)이 만일 처음부터 있지 않았다면 도대체 어떻게 이 우주가 오늘날의 우주로 남아 있을 수 있겠습니까? 수백억 년에 걸친 점진적인 진화로서는 도무지 설명이 되지 않습니다. 유명한 **진화론자**인 하버드 대학교의 고생물학자 **심프슨**(George Gay-lord Simpson, 1902-1984)도 이 점에 관해서 다음과 같이 고백하고 있습니다.

"이 우주의 기원과 역사의 인과성에 관한 설명은 과학의 영역 밖에 속한다. 바로 이것이 철학이나 신학에서나 다루어야 할 궁극적 제일 원인인 것이다. 그러나 추측컨대 이 원인은 결코 알려질 수 없고 우리 사람들에게는 알려지지도 않을 것이다. 아마도 우리가 원하는 방식대로 이를 숭배할 수도 있겠으나 결코 이해할 수는 없을 것이다."

그러나 성경은 심프슨이 결코 알 수 없다고 회의했던 바로 그 시작이 하나님에 의해서 즉각적으로 시작되었다고 선언하고 있습니다.

"그가 말씀하시매 이루어졌으며 명령하시매 견고히 섰도다(시 33:9)."

이러한 창조의 순간성은 창세기 1장의 창조의 6일 동안에도 극명하게 잘 나타나 있습니다.

"하나님이 이르시되 빛이 있으라 하시니 빛이 있었고 빛이 하나님이 보시기에 좋았더라 하나님이 빛과 어둠을 나누사 하나님이 빛을 낮이라 부르시고 어둠을 밤이라 부르시니라 저녁이 되고 아침이 되니 이는 첫째 날이니라(창 1:3-5)."

이 구절 어디에도 이러한 창조가 오랜 세월에 걸쳐 이루어졌다는 암시는 없습니다. 이는 창세기 1장의 나머지 부분에서도 마찬가지입니다. 즉 모든 창조는 현재 우리가 알고 있는 24시간의 6일 동안에 다 끝난 것이며 더 이상의 창조는 없습니다. 흔히 창조의 날들에 관한 잡다한 해석이 있으나(간격이론 등) 이들 모두 터무니없는 공상에 불과합니다. 예를 들어, 아담이 진화론의 몇 시대를 두고 서서히 그 형체를 나타내 가는 모습을 한 번 상상해 봅시다. 신약에서도 예수님의 공생애사 역시 나타난 수많은 기적의 역사들이 그 효과면에 있어 즉각적이고 완전한 것들이었음을 잘 보여 주고 있습니다.

"말씀이 육신이 되어 우리 가운데 거하시매 우리가 그의 영광을 보니 아버지의 독생자의 영광이요 은혜와 진리가 충만하더라(요 1:14)."

"예수께서 이 첫 표적을 갈릴리 가나에서 행하여 그의 영광을 나타내시매 제자들이 그를 믿으니라(요 2:11)."

"오직 이것을 기록함은 너희로 예수께서 하나님의 아들 그리스도이심을 믿게 하려 함이요 또 너희로 믿고 그 이름을 힘입어 생명을 얻게 하려 함이니라(요 20:31)."

초자연적이고 순간적인 창조의 또 다른 중요한 국면은 바로 이렇게 창조된 모든 피조물들은 탄생 순간 어떤 일정한 나이를 갖지 않을 수 없다는 것입니다. 이 점에 관해서 **헨리 모리스 박사**는 다음과 같은 언급을 합니다.

"도대체 하나님이 무엇인가 창조를 하셨다면 그것이 아무리 간단한 원자 한 개라 할지라도 어떤 나이를 갖지 않을 수 없다. 즉 그것이 처음 탄생 즉시에 지니고 있을 어떤 모습이 없다면 진정한 의미의 창조란 있을 수 없다."

- 아담의 창조의 현상 나이   - 식물들의 창조
- 우주의 크기와 별빛들의 속도   - 예수님의 기적과 현상 나이

만일 이러한 창조의 사실을 알지 못하고 오로지 자연적인 과정만으로 이상의 현상들을 설명하려고 한다면 분명 실제 나이와는 차이가 날 수밖에 없는 것입니다. 이 점에 관해서도 성경은 아래와 같이 잘 예언해 주고 있습니다. **거짓이론**이 나타날 것을 예언하고 있습니다.

"이르되 주께서 강림하신다는 약속이 어디 있느냐 조상들이 잔 후로부터 만물이 처음 창조될 때와 같이 그냥 있다 하니 이는 하늘이 옛적부터 있는 것과 땅이 물에서 나와 물로 성립된 것도 하나님의 말씀으로 된 것을 그들이 일부러 잊으려 함이로다(벧후 3:4-5)."

'거짓이론'이 나타날 것을 예언해 주는 말씀입니다.

창조의 과학적 특성

Q. 물체는 왜 항상 위에서 아래로 떨어질까요?

A. 질서가 있습니다.

Q. 비행기의 엔진이나 시계의 뒷뚜껑을 열어본 적이 있나요, 그 특징
   은 무엇입니까?

A. 복잡 정교합니다.

Q. JESUS LOVES YOU / JSSUEL OSEYV OU 두 문장의 다른 점은 무엇
   입니까? 해변가 모래 위에 첫 번째 문장이 쓰여져 있었다면 그것은 누
   군가에 의해 쓰여진 것이라고 확신할 수 있습니까?

A. 첫 번째 문장은 정보(의미)가 있습니다. 분명히 누군가가 쓴 것입니다.

과학적 증거를 통해서 나타나는 창조의 특징을 아는 데는 깊은 관찰이
나 연구가 필요치 않습니다. 우리의 일상생활에서 매일 경험하고 있는 바를
통해서 금방 알 수 있기 때문입니다.

창조는 반드시 지혜와 설계, 그리고 목적을 필요로 하기 때문에 결과로 나

타난 창조 속에는 반드시 이러한 특징이 나타나야 하는 바, 곧 **규칙적인 질서, 복잡성 및 정보나 의미**가 그 속에 들어 있어야 한다고 결론 내릴 수 있습니다. 그러면 우리가 이러한 결론을 내리기 위해서 어떠한 과정을 거쳤나요? 이상의 대상들을 일일이 우리 손으로 직접 설계 또는 제작을 해 본 후에 실제 그와 똑같은 대상들이 얻어지는 것을 보고서야 이러한 결정을 내렸을까요? 물론 간단한 경우에는 그렇게 해볼 수도 있겠으나 반드시 그럴 필요는 없습니다. 인과의 원리, 동일성의 원리, 그리고 정황증거를 이용한 결론입니다.

(1) 인과의 원리

① 모든 결과(또는 유한한 원인들)에는 반드시 원인이 있다.

② 어떠한 유한한 원인도 그 스스로의 원인이 될 수는 없다.

③ 유한한 원인들의 무한한 고리는 불가능하다.

④ 모든 원인의 원인이 되는 제일 원인이 있어야 한다.

(2) 동일성의 원리

① 법칙의 동일성(현재와 과거의 열쇠다.)

② 유사한 원인은 유사한 결과를 낳는다.

(3) 정황 증거

현재 어떠한 유추도 가능하지 않은 경우에는 주변적 증거에 의지해서 가장 설득력 있는 주장을 펼치는 것이 가능합니다(예 : 살인사건의 추격). 화석도 창조론자들과 진화론자들이 각각 자기의 입장을 지지한다고 주장하는 주변 증거의 한 예입니다.

하나님께서는 성경과 자연 속에 자신의 말씀과 행위를 드러내 놓으셨습니다. 따라서 우리는 항상 이 두 곳 모두에서 우주 만물의 시작에 대한 정보를 얻어야 합니다.

방사성 원소에 의한 연대 측정법은 신뢰할 만한 것입니까?

방사성 원소에 의한 연대 측정법 중 가장 널리 알려진 방법은 다음과 같습니다.

① 칼륨 - 아르곤(KAr)　　② 우라늄 - 납(UPb)　　③ 탄소 14(C-14)

아폴로 11호가 달에서 암석과 흙의 표본을 가져왔을 때, 우라늄-납 검사는 네 가지 다른 연대를 나타내었습니다. 즉 46억 년, 54억 년, 48억 년, 82억 년이 그것입니다. 어느 것이 정확한지 어떻게 알 수 있을까요? 『사이언스 Science』지에 의하면, 달 암석의 칼륨-아르곤 검사는 23억 년을 나타내었습니다(1970년 1월 30일자, 167호). 과연 그 검사결과들은 일치할까요?

> 사례 1
>
> 하와이의 화산암을 칼륨-아르곤 검사를 하였습니다. 결과는 어떻게 되었을까요? 1억6천만 년에서 30억 년 전 사이에 이 암석들이 생성된 것으로 가상되었습니다. 더 조사해 본 결과, 이 암석에서 채취된 특별한 용암은 실제로는 1801년에 분출된 것으로 타나났습니다.[31]

31) 헨리 모리스 저, 『과학적 창조론』(1974)

☞ 생각해 봅시다!
방사성 원소에 의한 연대 측정법에 어떤 오류가 있을지도 모른다는
생각이 들지 않습니까?

사례 2
러시아의 화산암 검사는 오천만 년에서 146억 년 범위의 결과를 나
타내었습니다. 역사적 연구에 의하여, 이 암석은 실제로는 단지 수천
년 전에 분출된 것으로 밝혀졌습니다.

☞ 생각해 봅시다!
알려진 실제 연대가 검사에 의한 암석의 연대와 일치하지 않을 때,
전혀 알려지지 않은 암석에도 비슷한 불일치가 있을 수 있다고 생각
하지 않습니까? 유물을 덮은 화산재의 검사만이 정확하다고 단정할
수 있을까요?

1973년, **캐나다의 알버타 그랜드 프래리 근처**의 백향목 숲을 지나가는
고압선이 땅에 닿았는데, 그 순간에 반경 18 km 내에 있는 나무뿌리가 화
석이 되었습니다. 이때 거기에 살던 짐승들은 3일 전에 다 대피하여 아무런
피해도 입지 않았습니다. 사스카체완에 있는 레지나 대학의 과학자들이 이
화석들을 KAr(칼륨아르곤)에 의한 연대 측정을 하였습니다. 그들은 그 결과
에 대해서 이렇게 말했습니다.

"검사 결과는 의미가 없었다. 화석이 되는 과정에 사용된 열 때문에 그
것은 100만 년의 연대를 나타내었다."[32]

여러분은 이 말의 의미를 파악했습니까? 열? 우리가 다른 곳에서 발견하
는 뜨거운 화산재는 어떠합니까?

---

32) 글렌 S. 맥린, 1984년 개인 인터뷰에서

6일 창조론

(1) 부분적 믿음이 진정한 믿음인가?

많은 크리스천들 가운데 "나는 예수님에 관한 성경 내용은 역사적 사실로 믿지만 창조의 6일과 노아의 홍수나 요나의 기적과 같은 내용은 신화나 만들어낸 이야기이지 역사적 사실로는 믿을 수 없다."고 하는 사람들이 있습니다. 하지만 예수님께서도 여러 차례에 걸쳐 구약의 내용이 하나님으로부터 계시된 것임을 분명하게 말씀하셨습니다.

(2) 창조의 "날들"은 얼마나 길었을까요?

창세기 1장에 기록된 "날들(yom)"은 언제나 "저녁이 되며 아침이 되니"라는 구절로 끝납니다. 이것은 '지구가 한 번 자전한 결과'임을 말하며 지구의 자전으로 낮과 밤이 생김을 증거합니다. 이때 지구는 태양이 창조되기 전, 즉 태양 없이 자전함을 나타내기도 합니다. 이러한 표현은 '그것이 나타내는 사실성(事實性)'만을 모세가 우리가 알 수 있는 방법으로 기록한 것입니다. 대학원을 졸업하거나 박사학위를 받아야만 겨우 이해할 수 있게 기록한 것이 아닙니다. 모세는 최고 학부를 다니지 않았습니다. 모든 성경은 하나님의 생기를 받아 기록한 말씀입니다(딤후 3:16). 넷째 날에 태양이 창조되었습니다(창 1:19). 그러나 창세기 1장 19절 이전에는 태양이 아직 창조되지 않았을 때이지만 창조의 첫 날(창 1:5)에 지구(地球)가 한 번 회전하였음을 의미합니다.

여기에서 히브리어 성경을 살펴봅시다. '날'로 표현된 "욤(yom)"은 주로 밤의 반대 개념으로 '날(日)'을 사용하거나 시간을 구분하는 개념으로 '날(日)'을 사용하고 있습니다. 숫자 다음에 '욤'이 오면 반드시 욤은 하루를 의미합니다. 모든 날마다 '저녁이 되며 아침이 되니'라고 기록한 것은 창조의 6일은 각각 동일한 하루이며 '지구가 자전했음'을 입증하고 있습니다.

창조 때의 하루는 오늘의 하루와 같은 24시간으로 추정할 수 있습니다. 그 이유는 하나님은 하나님의 법칙으로 질서와 조화를 이루며 창조하셨기 때문입니다. 예레미야 33장 25절은 "여호와께서 이와같이 말씀하시니라 내가 주야와 맺은 언약(낮과 밤의 질서)이 없다든지 천지의 법칙(자연법칙)을 내가 정하지 아니하였다면"이라고 표현한 데서 창조주 하나님은 질서와 조화를 부여하여 자연 법칙을 사용하고 있음을 알 수 있습니다.

시편 119장 91절은 "천지가 주의 규례들(창조의 법칙)대로 오늘까지 있음은 만물이 주의 종이 된 까닭이니이다."라고 분명히 기록하고 있습니다. 즉 오늘까지 천지(천지창조 때의 창조)가 주의 창조의 법칙대로 있다는 것입니다.

창세기 1장의 5, 8, 13, 19, 23, 31절에는 각각 첫째 날, 둘째 날, 셋째 날, 넷째 날, 다섯째 날, 여섯째 날이 나옵니다.

표2에서 살펴 본 바와 같이 창조의 '하루', '하루'를 구분하기 위해 '첫째' 날, '둘째' 날, '셋째' 날, '넷째' 날, '다섯째' 날, '여섯째' 날, '일곱째' 날로 기록한 것임을 알 수 있습니다.

"사랑하는 자들아 주께는 하루가 천 년 같고 천 년이 하루 같다는 이 한 가지를 잊지 말라(벧후 3:8)."

우리말 성경	히브리어 성경	의 미	어 원
'첫째' 날	에하드(창 1:5)	하나, 한	
'둘째' 날	쉐니(창 1:8)	두 번째, 둘, 이	- 샤나(반복하다 repeat, 다시 행하다 do again)에서 온 말. - 하루가 반복된 또 다른 하루임을 의미.
'셋째' 날	쇠로쉬(창 1:13)	세 번째, 셋	- 쇠로쉬(셋, 세 개 한 벌, 삼)와 어원이 같음.
'넷째' 날	레비이(창 1:19)	네 번째의	- 아르비(4, 사, 네, 넷)와 어원 같음.
'다섯째' 날	하미-쉬(창 1:23)	다섯 번째	- 하미쯔(오, 다섯)와 어원 같음, 이는 소금으로 맛을 내는(사 30:24)에서 왔으며 이 또한 기본어 '하메쯔(발효되다, 발교되다)'입니다(출 12:39, 호7:4, 출 12:19, 20). 재미있는 것은 이 날에 하나님이 큰 바다 짐승들과 물에서 번성하여 움직이는 모든 생물들, 날개 있는 모든 새들을 창조하셨는데, 이들은 사람들이 식용으로 쓸 때 맛을 내기 위해 소금을 사용하며 이때 발효된다는 사실입니다.
'여섯째' 날	쉬쉬(창 1:31)	여섯 번째	- 쉐쉬, 또는 쉬쇠(여섯, 육)에서 옴.
'일곱째' 날	쉐비이, 쉬비이트	일곱 번째	- 쉐바 또는 쉬브아(일곱, 칠)에서 옴.

[표2 창조 6일에 대한 어원조사[33]]

베드로후서 3장 8절에서 주의 오래 참음과 영원함이 그러한 단어들로 표현되었습니다. 그러나 **베드로후서의 문맥**은 그분의 심판에 관해서이지 창조

---

33) 『NIV 구약 원어 대조성경』(도서출판 로고스, 1993).

에 대해서가 아닙니다. 그것은 그분의 태도에 관한 표현이지 창조 때의 7일간의 길이를 나타내지 않습니다. 그러나 당신은 "주와 함께하는 일 년은 천 년(시 84:10)이라고 생각했습니까?"

우리가 어떤 극단적인 정보를 얻을 때에만 "날"을 어떤 긴 시간과 같다고 할 수 있습니다. 그러나 성경은 이 날들에 대하여 "안식일을 기억하며…(출 20:8)" 그 이유에 대하여는 "엿새 동안은 힘써 네 모든 일을 행할 것이나(출 20:9)"라고 밝히고 있습니다.

· 일주일에 6일 동안은 일해야 한다.
· "이는 엿새 동안 나 여호와가… 만들고(출 20:11)"

당신이 생각하기에 하나님께서는 문자 그대로 6일 동안에 그 모든 것을 하실 수 있었겠습니까? 하나님께서 여기에서 말씀하시는 날들이 정말로 천년과 같은 길이라면, 우리에게는 토요일이 오기 전에 오랫동안 일하는 주간(week)이 있었을 것입니다!

맺·음·말

　　한남대학교와 침례신학대학교 및 대전신학대학교의 교양 과목인 '성경과 과학' 시간을 통해서 확인하게 된 것은 대부분의 학생들은 초·중·고등학교에서 진화론만을 배워 잘못된 사고를 갖게 되고, 이로 인해 방황과 비전 없는 삶을 살게 되었다는 것입니다. 또한 어려서부터 교회를 잘 다니던 학생들은 고학년으로 진학하면서 점점 하나님의 창조를 의심하다가 대학에 들어가면서부터 부모의 영향권을 벗어나 신앙을 버리는 사례가 많음을 보고 저는 심각하게 받아들이고 각성하고 있습니다.

　　그러나 교회는 청년들이 교회를 떠나가는 가장 주된 원인이 무엇인지 제대로 파악하여 대처하거나 그들을 위한 과감한 투자도 하지 않고 있는 것을 보면서 참으로 안타까운 마음을 금할 길이 없습니다.

　　미국에서 만 명 이상의 개신교 목사들을 상대로 한 여론 조사에서(1965년) 다음의 세 가지 질문을 하였다고 합니다.

① 예수님은 동정녀로부터 탄생했습니까?(Was Jesus born of Virgin?)
② 예수님은 하나님의 독생자입니까?(Was Jesus the Son of God?)
③ 성경은 하나님의 영감으로 기록되었습니까?(Is the Bible the Inspired Word of God?)

　　놀랍게도 반 이상의 목사들이 이 질문들에 '전적 동의(Totally Agree)'를 하지 않았다고 합니다. 즉 과반수 이상이 '부분적 동의(Partially Agree)'또는 '반대의견(Disagree)'에 투표했다는 것입니다. 이러한 목사들이 신학교나 교회 강단에서 신학생들이나 교인들을 가르칠 때 그 영향력이 어떠할지는 쉽게 짐작할 수 있습니다. 당신은 이러한 현실을 어떻게 생각하십니까?

싱가포르의 지도자들은 대부분이 크리스천이고 교회에 청년들이 가득 찬 것을 보고 부럽다는 기사를 보았습니다. 청년들은 '현존하는 미래'입니다. 첨단 과학시대의 그들이 과학적인 생각에 젖어 있습니다. 과학을 성경적으로 설명하려는 것은 창조주의 원리와 법칙에 있어서 어긋나지 않은 것입니다.

"네가 하늘의 궤도를 아느냐 하늘로 하여금 그 법칙(히브리어로는 '우주 만물의 법칙)을 땅에 베풀게 하겠느냐(욥 38: 33)."

기독교인들 중에도 자신도 모르는 사이에 과학과 진화론에 세뇌되어 유신론적 진화론(무신론에 기초한 진화론을 유신론적으로 해석하려는 가설)을 믿고 있는 사람들이 많습니다. 그들은 성경이 신앙과 도덕의 관점에서는 정확하지만, 과학적인 관점에서는 정확하지 않다고 주장하기도 합니다. 물론 성경은 자연현상에 대하여 과학 교과서처럼 논리적이고 과학적으로 설명하고 있지 않습니다. 성경이 과학 교과서라면 시대에 뒤떨어진 쓸모없는 교과서일 뿐이겠지요. 과학이 발전을 거듭해 온 수천 년 동안 성경은 단 한 번도 개정된 적이 없기 때문입니다. 그러나 바꾸어 말하면, 성경은 개정할 필요가 없을 만큼 정확하게 기록된("모든 성경은 하나님의 감동으로 된 것…(딤후 3:16)", 감동(theopneustos) : '하나님의 생기를 받다') 과학 교과서라고도 할 수 있습니다. 그 이유는 성경 속에 과학의 근본 원리와 자연현상의 법칙을 설명할 수 있는 사건들이 기록되어 있기 때문입니다. 현재의 불완전한 과학 지식 중에서 많은 부분이 성경의 기록을 근거로 밝혀진 사실이라는 점을 감안하면 과학을 성경적으로 설명하려는 것은 타당한 방법이라 여겨집니다.

이스라엘의 초대와 3대의 수상을 지낸 **벤 구리온**은 과학 교사들에게 행한 설교에서 "여러분들이 가르치는 과학이 진짜인지, 가짜인지는 광야(미다발: '하나님의 말씀을 듣는 곳')에서 판가름 날 것입니다."라고 역설했습니다. 늘 하나님의 말씀인 성경에서 하나님의 말씀을 들으며 질문하면서 최선의 해답을 얻어내야겠습니다.

성서신학자 중에는 "성서는 고대 세계관에 의하여 선포되었기에 지적 수준이 낮은 당시 사람들도 이해할 수 있도록 선포되었습니다. 성서는 그들이 가지고 있던 세계관과 우주관을 반영하면서 하나님의 말씀을 전달하고 있어 이러한 세계관과 우주관은 과학이 발달함에 따라서 오늘날 더 이상 타당하지도 않고 받아들여지지도 않는다."라고 하는 이도 있습니다.

고대의 사람들이 지적 수준이 낮다는 말은 근거가 없습니다. 창세기 4장에는 두발가인은 동과 철을 사용해 각종 날카로운 기계를 만들어 썼습니다. '발명은 필요의 어머니'라고 했던가요. 오늘의 최첨단 기계나 제품 등과 같은 것이 필요 없는 시대였으니 그것이 지적 수준의 기준이 될 수 없다고 봅니다. 고대의 피라미드 속 중앙에 서면 녹슨 면도날이 깨끗한 새 것으로 바뀌는 원인은 아직도 밝히지 못한 것이 21세기의 첨단 과학입니다.

성서 신학자 중 어떤 이는 '성서 본문이 오늘날 우리가 이해할 수 있는 계시의 말씀이 되기 위해서는 문자주의적인 장애물을 제거하고 새로운 상황에 맞게 그 말씀이 해석되어야 한다는 것, 이것은 근본주의자들이 주장하는 성서문자주의적 성서해석이 타당하지 않다는 것'이라고 합니다만 성경은 사람들이 가장 잘 이해하기 쉬운 문자로 기록되었는데 기본적으로 뜻을 제대로 파악하지 못하고 어떻게 달리 해석할 수 있겠습니까? 문자의 뜻을 밝히는 것을 문자주의로, 기본에 충실하려는 사람들을 근본주의자라고 표현하는 것은 잘못된 사고에서 나온 듯합니다. 가장 기초가 되는 성경의 문자(어휘)를 이해하지 못하고 어떻게 하나님의 초월성을 설명할 수 있겠습니까?

또한 창세기의 창조 기사가 "'방주에 들어간 동물의 수', '방주에 들어간 시기', '홍수의 묘사', '홍수의 총 기간'에 있어 차이가 있어 그것을 역사적인 사실이라고 주장할 수 없다. 창세기에 나와 있는 두 개의 창조 기사를 문자 그대로 받아들여 현대과학의 진술에 의해 증명하려는 것을 불가능하다. 또한 현대 역사학의 관점에서 이 두 개의 창조 기사를 역사적 사실이라고 증명하려는 것도 불가능하다."고 일부 성서학자들이 강하게 주장하는데 여기에 쓰인 홍수라는 단어(카타클뤼스모스)는 단 한 번밖에 쓰이지 않았으며 그 내용은 그 본질에 있어 사실이라는 것이 증거되고 있습니다.

증명하려는 것이 아닙니다. 과학은 관측할 수 없는 것은 과학적 방법으로 긍정도, 부정도 할 수 없고, 과학은 틀릴 수 있고, 더욱이 영적인 것은 다룰 수 없기에 여러 가지 자료에 의해 증거할 수 없는 한계가 있습니다.

또 "성서는 창조를 과거에 일어난 단 일회적인 사건으로 다루지 않는다. 성서에 의하면, 하나님의 창조사역은 태초에 일어났을 뿐만 아니라 오늘도 계속되고 있는 하나님의 행동이다."라고 하면서 시편 104편 14-30절을 예로 들고 있습니다. 여기에서 '풀이 자라게 하심'을 창조로 오해하고 있습니다(영적으로 '계속창조'를 증언하는 것은 옳으나…). 이 증언은 큰 오류입니다.

"프로는 매일 기본기를 다진다.", "프로는 세부(細部)에 강하다."고 합니다. 창조과학자는 각자 자기 분야에서 프로로서 세부에 강하며, 자기의 달란트로 과학을 성경적으로 설명하는 일에 최선을 다하며, 또한 아마추어로서(아마추어는 '사랑한다'는 말에서 유래) 결코 프로보다 뒤지지 않는 기량과 수준으로 하나님께서 주신 이 모든 것을 '사랑의 대상'으로 보며 날마다 새 힘, 새 용기로 무너진 가정, 교회를 일으켜 세우는 데 담대함을 가져야 하겠습니다.

교회여, 창조과학을 오해하지 마시고 '창조론'과 '창조의 증거들'을 체계 있게 가르치십시다. "좋은 기억은 가장 좋은 기억이다(도스토예프스키)."라고 합니다. 어릴 때부터 바르게 기억하도록, 재미있고 체계 있게 가르치는 일에 큰 관심과 투자로써 서로 합력하여 복음이 정착되도록 선을 이룹시다.

"신령한 자는 모든 것을 판단('시험, 연구, 조사, 질문, 분별, 판단하다.'의 헬라어의 뜻)하나 자기는 아무에게도 판단을 받지 아니하느니라(고전 2:15)."

"태초에 하나님이 천지를 창조하시니라(창 1:1)."

> 사실이 분명하고 증거가 확실한 것을 믿는 것이
> 바른 신앙입니다.
> 사실인지도 아닌지도 모르고 믿는 것은 미신입니다.
> 사실이 분명하고 증거가 확실해도 믿지 않는 것은
> 불신앙입니다.
> 사실이 아니고 증거가 없는 것을 믿는 것은
> 속고 있는 것입니다.
> 사실이면 증거가 있기 마련입니다.